英国心理治疗大师奠基之作

The Emotional Healing Strategy

心灵的五种神秘力量

(英) 吉儿·琳登菲尔/著
王羽/译

中国长安出版社

图书在版编目(CIP)数据

心灵的五种神秘力量 / (英) 琳登菲尔著 ; 王羽译
—北京 : 中国长安出版社, 2011.8
ISBN 978-7-5107-0451-2

Ⅰ. ①心… Ⅱ. ①琳… ②王… Ⅲ. ①心理健康-普及读物 Ⅳ. ①R359.6-49

中国版本图书馆 CIP 数据核字(2011)第 173380 号

心灵的五种神秘力量

(英)吉儿·琳登菲尔著　王羽译

出版:中国长安出版社
社址:北京市东城区北池子大街 14 号(100006)
网址:http://www.ccapress.com
邮箱:ccapress@yahoo.com.cn
发行:中国长安出版社　全国新华书店
电话:(010)85099947　85099948
印刷:北京毅峰迅捷印刷有限公司
开本:710mm×1000mm　1/16
印张:18.5
字数:200 千字
版本:2012 年 1 月第 1 版　2012 年 1 月第 1 次印刷

书号:ISBN 978-7-5107-0451-2
定价:29.80 元

专家对本书的高度评价

我的读者们有太多问题——尤其是亲密关系问题——可以追溯到过去的情绪伤痛。现在我可以向他们推荐这部开创性的著作了——《心灵的五种神秘力量》,因为我知道这些神秘力量的卓越作用,会帮助他们把自己的人生——和心灵——“返回”幸福状态!

——苏珊·奎利亚姆,作家、知心姐姐

吉儿·琳登菲尔撰写了一部极为有效、可读性极强的著作,它能帮助你幸福。基于她个人深刻经历,她提供了战胜心灵伤痛的非常实用的战略。这部著作是一部情绪钻石风帆。我诚意地向你推荐!

——詹姆斯·里德,里德公司执行总裁

我发现,用来治疗情绪伤痛的“神秘力量”,确实是一种非常有效的方式。不管伤痛大与小,新与旧,个人家庭的还是工作单位的,每一步骤都足够应对。我特别喜欢本书的基调:它是如此温暖的、引人入胜的、人性的和速效的。而分享吉儿个人成长和帮助别人的故事,会对任何人都有作用。

——朱莉·洛韦,苏格兰皇家银行集团首席心理学家吉儿·琳登菲尔引领我们走向曼德拉、麦当娜、奥普拉等几乎所有伟人曾经走过的医治情绪创伤之路。这部著作充满智慧、优异的感悟和实用的案例,是一部对那些犯罪与污辱受害者的人的自助读物。

——比尔·骆克,大英帝国最优秀勋章(Most Excellent Order of the British Empire),法庭特许心理学家,北爱尔兰青少年法庭首席法官

医生在医院实习时被训练通过对病人的故事,最终达成治疗结果,但是,如果一位"心灵"专家遇到心血管病人而不能确诊的话,求助于他们的"全科医生"是传统做法。本书却是在病人受到情绪困扰时,给"全科医生"们提出的一种有用的诊断方法。它给予全科医生和病人讨论并利用一种新的治疗方案。

我一直向我的病人推荐《心灵的五种神秘力量》。吉儿处理个人情绪创伤和帮助来访者的经验,给予广大读者以康复的捷径。

——安妮·怀特,全科医生

在我人生的最大伤痛之后,我用了这"五种神秘力量",重新获得了幸福。现在,我把它用于工作,发现它对很小的情绪伤害也有作用。

——凯洛琳·罗伯茨,健康顾问

《心灵的五种神秘力量》在既没有伤感,也没有过度纸上谈兵的情况下,处理自己的情绪伤痛。吉儿·琳登菲尔帮助我们揭开伤痛的面纱,归还它原来的面目。正如我们每个人一样,她经历了太多伤痛、错误、考虑周密的复仇计划……她的方法既不是自以为是的,也不允许自我放纵。

她的目标是帮助我们建立自我觉知，本书也为我们在工作、人际关系与生活更加幸福提供实用的、多用途的工具。

——著名克莱尔·科尔德韦尔，职业咨询顾问

太管用了！明确、简洁、实用，人人都可以使用。

——安妮·尼可拉斯，知心姐姐

作者简介

吉儿·琳登菲尔在政府运营的慈善机关度过了孩童时代，导致她二十几岁就出现了抑郁问题。在心理治疗师的帮助下，她康复后便接受社会义工和心理治疗师教育，这使她对以下两个领域产生了特殊兴趣：一是对心理问题的预防，二是创立自助程序。正是她在这两个方面卓有成效的工作，使人们能够快速有效地处理生活与工作中的情绪伤痛。

现在，吉儿是英国最受喜爱的、最好的心理治疗师，她撰写了很多部在国际上畅销的自尊建立和管理情绪的自助图书。

吉儿·琳登菲尔现在生活与工作在伦敦和西班牙。

目录 CONTENTS

Part 2　五种心灵神秘力量实用技巧

Part 3　升华你的心灵

推荐序

作为在心理学领域摸爬滚打22年的专业人士，我诚挚向对探索内心世界有兴趣的读者推荐这本书！

当我接到译者的邮件时，我没有在第一时间处理它。我能感觉到自己对这个书名潜意识地拒绝。“神秘”这两个字离我所接受的科学训练相距实在太远了，我的意识让我很难接受这样一个任务。但是这个名字又很大程度地吸引着我，我想知道它所描绘的神秘力量是什么？有着怎样的作用？

当我试着去浏览它的目录时，我的心情放松下来，它所讲述的神秘力量不仅不是玄妙而离奇的，相反正是我们在课堂或者治疗中经常带领学生或者来访者们一起练习的内容，它讲述的基本力量（探索、表达、安慰、补偿、洞察）和额外力量（引导和宽恕）正是我们认为情绪治疗中非常重要的步骤，所以我感觉也许这是一本能对无法亲自到我们课堂中学习情绪治疗的人有所帮助的书。

当我开始安静地阅读每一章节时，我发现这本书值得我推荐给那些在茫茫书海中不知从何读起的读者，尤其是有着情感创伤又不知自己如何面对和处理的读者。首先，这本书的写作方式让人着迷，开篇的一些

“名人名言”让我们轻松地把注意力聚集于当前问题；对问题的精巧比喻（如把一次小的情感伤口比做“表面划痕”）让我们能够同时用我们的左右脑来思考这个问题（言语和形象加工同时启动），从而获得了对这些问题的深入理解；精细的个案描述让我们仿佛真正看到了那个来访者和他（她）所面临的问题，帮助我们在感同身受的体验中深入思考；详尽的个案分析和处理过程带着我们解读每个故事背后神秘的心理世界，让我们有可能也用同样的深度来反观自己。

当然这本书的作者没有满足于仅仅向我们展示她对问题的深入洞察和丰富的个案经验，本书最为可贵之处还在于她耐心和详细地向我们展示了每种力量的练习方式、获得方法和途径以及可能遇到的困难和解决方式。作者确实站在了那些需要提高处理自己情绪能力的读者的角度精心建构了这本书，确实如她所言这是一本可以自助的书，这种努力和付出值得我们尊重和感谢，所以在此也特别想向作者表达敬意：她不仅勇敢地面对了自己亲历的重大伤痛，为我们树立了走出创伤的积极榜样；同时她也在不懈地努力，帮助我们寻找预防和走出情感创伤的有效途径，并且还有了相当不错的成果——这本自助书籍的诞生！

关梅林

写于2011年12月8日

前 言

你本来就该拥有富裕、幸福、圆满的人生——你本来就不应该生活在痛苦中！

在这本书里，我想为你指出通往富裕、幸福、圆满人生的路。

成功与人生幸福，比你想像的简单得多——只要你解决情伤，先获得人生幸福，金钱等会“不请自来”！

而“你解决情伤”的前提，仅仅是你认识并利用你内在拥有的五种“神秘力量”！

你只需要五种心灵的神秘力量，你需要了解的并不多，但它们，有着无穷的力量、全都是非凡的！

现在，就让你生命的神秘力量开始展现吧！

如果你认为治疗情绪伤害、保持心灵健康是一件极其简单的事情，那么本书并不适合你。

但是，如果你的悲伤、愤怒或失望的情绪，并不是神奇地随着时间的流逝而消散，那么请你继续阅读本书。本书将为你介绍五种非常有效的，使你的心灵永不衰老的五种神秘力量，这五种神秘力量，比“时光隧道”带来的奇迹更值得信赖。

为什么我能如此自信地给出这样的保证？

有三个原因：首先，南非前总统曼德拉、世界流行天后及慈善家麦当娜、世界上最昂贵节目主持人奥普拉等很多伟人，都利用这些神秘力量疗伤成功，而且，都在继续利用这些神秘力量发挥影响力。第二，当我处于我这辈子最糟糕的噩梦般的状况时，正是这类似于原子弹的五种神秘力量，帮助我恢复了我的意志和生存的能力。第三，这些神秘力量是我十五年以来进行治疗工作的基石。利用它我已经成功地帮助我的来访者们康复，无论他们面对的是诸如“幼年丧母、少年丧父、中年丧妻和老年丧子”这类人生最大的创伤，还是生活中小的失望、失败、失恋、拒绝和心碎。

1997 年，当我那美丽、有才的女儿劳拉 19 岁死于一场意外车祸时，我陷入了一种无法控制的情感风暴。我不仅仅感觉到悲痛，还感觉到无力和受伤。这场悲剧看上去不仅仅是针对我的，更是对劳拉、对她妹妹以及对我丈夫的一个不公平的打击。在我们的人生里，我们已经被太多的伤害和挫折包围，而如今我不得不面对这最大的恐惧。

愤怒和复仇的念头已经悄然侵入我的大脑，使我的悲痛更加强烈。车祸之后不久我们就发现，很有可能的是，当救援人员到达时，在劳拉旁边的那个女人导致了这场车祸。然而这个女人已经消失了，我们也被告知几乎没有可能追踪到她的踪迹。那个女人撇了一眼我那奄奄一息或是已经死亡的女儿后便转身离去的场景，时常萦绕在我心里。这种看上去无害的行为，实际上给我带来了毁灭性的伤害。我从来没有想过自己会有可能康复。我不仅失去了即将长大成人的深爱的女儿，还失去了对这个社会、对人性本善的信仰。

然而，我令自己震惊了。现在，我已经重新获得了情感上的平衡，我开始相信别人，我又燃起了对生命的热情。事实上，我看上去比我所知道的所有经历过类似程度情感伤害的人们更快地达到这种状态。很多人都证实了我的这个看法。

在劳拉离开后的这十一年中，我被不断地问及是如何从这么严重的情感伤害中迅速恢复活力的。这本书中的一部分是为回应人们的请求而存在的。

毫无疑问，正是这五种神秘力量起了作用。当我无法有意识地思考或是回想起事物的好坏时，是它拯救了我。最有意思的是，当我正处于无法有意识地利用它来缓解我的悲痛的早期阶段，它自然而然地蹦入了我的脑海中。在我的康复之路上，我感觉自己从内部被指引着：当我跳得太向前或是倒退时，我能感受到一种直觉上的“警告”；我有一种“预知”现在和下一步做什么是正确的的感觉，这其中包括对跟谁或不跟谁在一起的判断。

我相信，因为我如此经常地在自己身上或其他数以千计的来访者身上开发这些神秘力量，我们已经形成了一种根深蒂固的习惯性自动反应。在意识到它之前，我和我的来访者，就已经创立了自己的“紧急情况自动驾驶仪”：当我们意识上的思考能力失效时，它会从我们的潜意识中浮现，直接跳入驾驶座椅并取得控制权。就我个人的情况来说，虽然当时我经常感觉它非常神奇，实际上我所做的事并没有什么特别的。我只是简单地在一条完美的、自然存在的、逐步治疗的道路上向前走。同时，因为我已经沿着这条道路走过太多太多次，太多太多地获得了它对我生活中更加普遍存在的伤痛的帮助，它已经成为了一种习惯。

但是我并不是总保持着这种好的治疗习惯。相反，在我前半生中，我很少能从情感伤害中极好地康复过来。我的童年给予了我很多小伤口和重大创伤，但却没有为我提供如何处理它们的相关帮助。因此，在早期成年阶段，我的身体和心理健康、我的工作以及个人生活都遭受了很大的打击。经历在一个重大危机和随后的康复治疗之后，我被培训成了一名心理治疗师，随后我对情感治疗产生了极大的兴趣。在进行了多年对于那些在他们各自生命中、工作生活中以及团体中经历过各种形式的伤害，努力康复的来访者的实验工作后，我创立这种自助战略。

无所不能的治疗范围

这本书是为了那些希望能改善他们的情绪治疗技巧，不希望“千里之堤，溃于蚁穴”，从而能够帮助自己或他人更有效、更迅速地治疗的人们而写的。因此：第一，它将帮助你，前提是你发现自己最近很难在遭遇以下的情感伤害后继续前进：

◉一段关系的破裂，比如一段婚姻、合作关系或是友谊；

◉一个深爱的人的死亡；

◉一份赖以生存的工作的失去或是因为被裁员而导致失业；

◉因为离婚而导致子女的疏远；

◉一个你爱的、信任的人所制造的骗局；

◉在经济状况上因为无法预料的严重削减，导致生活方式或是梦想的丧失；

◉因为成为犯罪的牺牲者、受到虐待或是其他无法预料的创伤经历导致的信任和安全感的丧失；

◉你的健康或是身体的某部分的丧失。

第二，对于那些希望能从更加日常的情感伤害中快速康复的人而言，它非常有效。当遭遇这些事件时，我们流着眼泪，哽咽着，甚至跺着脚。然而，我们有多少次考虑过应该给予治疗它们的特殊重视？对于我们之中脸皮较厚的人而言，这并不是一个问题。但是对于我们之中的大多数人，由这种经历产生的无法治愈的伤口会在我们身体里“徘徊着”，逐渐腐烂。如果这种被埋葬的悲伤或不满积累多了，它们会逐渐反弹；在最糟糕的情况下，它们会对我们的身体健康以及我们获得快乐和成功的潜能造成严重损害。这本书会向你展示如何为生活减压，以及如何从以下类似的情感伤害中迅速康复的方法：

◉因为一个侮辱人的轻视、一次不公正的批评、一段种族歧视的言论、一次失败、一个错误或是一个对个人的拒绝而导致的自尊上的伤害；

◉因为在工作中被遗忘的命令，梦想中的假期计划的取消，或是影响你的积极性并导致你时常担忧头疼，经济上的挫折而导致的失望；

◉因为家或工作的变迁，或逃离令你感觉到孤独和无所依靠的困扰而导致的群体丧失感；

◉因为遭到自己选中的职业或运动训练的拒绝而导致自己过于失望，使你失去重新尝试其他事物的热情；

◉因为你非常想念死去的爱犬而导致你仍在哭泣，或是无法考虑再养一只；

◉因为抢劫或故意损坏造成了你失去所珍视的物品，你因此有了强烈的想要报复的念头；

◉因为一个销售人员的欺骗造成了你的银行存款余额骤减，你因此对自己如此容易上当感到愤怒；

◉因为一个亲密的朋友或一个你十分想念的亲戚搬走，你因此感觉无法再享受你的社交生活。

第三，如果你发现你依然被过去的伤害影响，这本书将会为你展示如何安全地回想这些经历，以及如何治疗当时无法治愈的伤口。情感治疗战略帮助很多人们从各种不同形式的旧伤中康复，并使得他们的个性或所做出的人生选择不再受其毁灭性的影响。以下是一些例子：

◉在童年阶段没有拥有足够的无条件的爱，使你很难拥有自信，很难控制好你的习惯；

◉早期在学校中被欺负的经历，可能妨碍你坚定的维护自己的权利，可能促使你成年后开始欺负别人；

◉一个不快乐的或是艰难的童年，导致你不愿意去生养孩子，或是对你的教育习惯产生了影响；

◉一段过去的背叛经历或一场痛苦的离婚，妨碍你对你现在爱的人做出承诺；

◉一段疾病或死亡的创伤经历使你焦虑并感到恐惧，使你的生活变得更加艰难；

◉一段同事或前上司的背叛对你与现在团队合作的能力产生了消极影响；

正如我早前所说的那样，这本书部分是为了回应那些希望能得知我成功战胜情绪伤害的秘密的人的请求而写的。因此，你将会看到，与我的其他著作不同，本书中收录了更多关于我自己所遭受的伤害的故事。然而，我也精心选择了很多与我的经历不同的人的例子。尽管我的绝大部分经历都与欧洲文化有关，但来自世界各地的同事、来访者和读者们，都与我分享了他们的情感的伤害与治疗方面的问题，因此，本书可以适用于世界上各个地方、各种文化。

大部分的情感伤害看上去引发了世界上普遍存在的、共同的情绪与反应。虽然每个人创伤看上去可能不同，受害者却经常有着一些同样的经历。他们都发现自己受到痛苦的情绪的支配，感觉到继续前进是一个不可能的挑战。正如我们在后面要讨论的那样，虽然造成这些困难的很多原因，可能会因文化的不同、个体的不同而有所变化，这个情绪治疗战略能够超越这些困难，普遍治疗大家的伤痛。

所以（可能听起来像是“自吹自擂”），我相信，来自任何国家、有着任何背景的人，只要有获得幸福的动力，在自律的基础上，集中全部注意力地执行这个自助规划，都将会发现这本书十分有用。另外，我也相信很多人能够间接地从中获益。情绪恢复力杰出的行动模范人物，将会是十分鼓舞人心的，他们也很乐于帮助他人。

在生活节奏如此之快的这个时代里，我们时时关注着媒体暴露出来的那些极端问题，而我们所受的伤害很轻易地就被忽略了，或是被我们埋入内心深处。如果长期发展下去，会对我们的身体和心理健康产生严重危害，同时还会对我们获得成就和成功的潜力造成损伤。因此，最终这种被忽略了的个人创伤会对看上去更为严重的问题造成消极影响。总之，如果情绪平衡健康、心态积极的人，和谐地、齐心协力地解决问题的话，世界上的大部分问题，将会有更多被解决的机会。

本书概要

不要让“千里之堤，溃于蚁穴”

在这个部分中，讨论了什么是情感伤害，以及我们为什么要治疗它们。你会发现为什么相对一些人而言，另一些人的伤口更容易被治疗，你还会了解到，如何去克服治疗过程中所遇到的阻力。

五种神秘力量实用技巧

在这个部分中，我们讲述了心灵的这五种神秘力量的发现过程。随后，我们具体介绍了这五种神秘力量，并指出了每种神秘力量在发挥过程中可能会遇到的障碍。其中的练习、指导与建议，都会帮助你充分利用这些神秘力量。

带着伤痛幸福地生活

虽然你已经基本完成了治疗工作，能够继续前进了，但一些由重大创伤造成的伤痛仍存在着。所以在这个部分中，为你提供了一些关于如何处理这些伤口以避免它们被揭开对你造成伤害的建议。

帮助其他人康复

在这个部分，你将获得一些建议，它们会告诉你如何使用这五种神秘力量去帮助其他人治疗他们的伤口。同时，你还将获得一些关于如何给予孩子、朋友、雇员、学生以及一些陌生人的指导。

如何使用心灵的神秘力量

我建议你在首次阅读本书时，先从头至尾通读一遍，跳过其中的实用技巧的详细介绍或相关的练习。同时，你需要标记那些能让你产生共鸣的章节，写下那些由它们触发的任何记忆或想法。

当你再次阅读这本书，请放慢速度。你将需要完成每个章节的练习，并尝试使用其中涉及的建议。我建议你在进行第一次试验时先将该神秘力量应用于一个极小的“伤口”。这样做将帮助你理解整个过程，同时有助于你看清这一个逐步的方法是如何进行的。这样一来，当你将这些神秘力量应用到更加严重的伤口时，便不会那么轻易地卡在某个阶段中。

你也可以把这些神秘力量的前后顺序稍微改编后，用于一个“自助小组”的治疗上。即使小组人数只有两个人的情况下，你可以和一个也对这些神秘力量感兴趣的朋友一起完成。在这种情况下，你们可以互相激励和支持，甚至可以挑战对方。同时，这些神秘力量也是一种帮助别人的最有用的工具，因为它们确保了帮助者不会被个人情感淹没，也保证了帮助者能将主要注意力集中于自助解决措施上。如果你此时正在对本书进行首次阅读，我建议你先独自将这些神秘力量尝试性地应用在自己身上。

我希望你能发现这些神秘力量和本书中其他建议，并让它帮你建立你的情感韧性，正如它帮助我和其他很多人建立的一样。我们不可能避免所有的情感伤害，但是当它到来时，如这句精彩的中国谚语告诉我们的一样，我们不能让它永远压着我们：

“你无法阻止鸟儿从你的头顶飞过，但却可以阻止鸟儿在你的头上筑巢。”

Part 1

不要让“千里之堤，溃于蚁穴”

第一章

情伤不治，后患无穷
Why Emotional Healing

在本书中，我们将会讨论并帮助你治疗那些通常被标注为“负面”的情绪。然而，在我自己所学过的课程中，改变了我的一生的一门课告诉我的是“所有的感情都具有正面作用”。这个认知对我来说至关重要，因此我能够接受并妥善处理我的悲伤和愤怒，而不是利用工作来使自己忙得忘了它们，也不是利用一瓶葡萄酒或其他无效率的自我药疗法来短暂地压制它们。

人类的情感随着我们生活变得愈加复杂而进化着，我们需要紧密地联结成互相帮助、互相依赖的团体。当我们察觉到一个与我们幸福感有关的事件，无论它是内部的还是外部的，一系列的反应便自动地被调动起来，这些反应使我们身体和精神状态发生改变，使我们能够妥善处理当前的问题。

人们非常享受那些被视作“正面”情绪的积极作用。当遇到我们“渴望遇到”那个人而产生的迷恋之情或是愉悦，使我们的内分泌系统加速运转，从而使我们做好了“生殖”的准备；而同情怜悯则使我们减慢脚步：当我们听到婴儿的哭声时，不知不觉地想要采取关爱行动；一个极妙的想法从生理上刺激了我们，使我们获得将它实现的能量和动力。

但是我们所谓的负面情绪也对我们维持生存起着重要作用。我们一起来看看一些“负面”情绪出现的目的：

◉悲伤——使我们的系统减慢运转速度，甚至使之停止运作。这意味着我们需要“暂停”，也意味着我们需要休息或为保护自己而“逃离”，直到我们康复。同时，它也产生了引起非语言的信号的化学物质，例如眼泪。眼泪使其他人意识到我们所处的脆弱或受伤的状态，引发了他们的怜悯，激发了他们的关爱反应。

◉失望——与悲伤相似，但是它的反应相对小一点。它的主要目的是令人们发现并重视这样一个事实：我们需要找到一个新的方向，所以不得不减慢运转速度并花时间去思考。

◉尴尬——提醒我们已经露出丑态的事实。它使我们开始内省，这种内省令我们意识到我们需要学习或提高某种社会技能、道歉或建立更多自信。由非语言的信号引发的焦急（例如脸红或眨眼），本质上是企图安抚自己或引发他人的同情。而后者能避免通情达理的人利用目前正处于脆弱或受伤状态的我们去达到某种目的。

◉愤怒——提醒我们要警惕威胁。它能令我们的身体里产生生理上的变化，从而帮助我们更快的逃离或为我们提供对抗的力量。我们的心跳得更快，我们的呼吸变得更浅，这样一来我们也节省出额外的能量；我们的肌肉绷紧，这样一来我们便能发挥出更多的力量；我们喘息、脸红、尖叫并握紧拳头，这样一来便能对对方进行警告。

理解这样的情感的正面作用的是完美治疗的重要基石之一。正如我在后面要解释的那样，如果我们忽视它们的“求救信号”，那么在短期内甚至是长期内，我们得承受更多的反弹。

情感伤口究竟是什么

受伤过的骨头可能比完好的骨头更坚硬，而悲伤的经历，能使人们变得更加强大与成熟。

——科林·默里·帕克斯，《丧亲之痛》

（Colin Murray Parkes，*Bereavement*）

“伤口”的概念最常见于身体活组织的损伤，但是我们也将其用作对于情感损伤的比喻：

◉“你伤害了我……我真的很伤心。”

◉“她真的伤了他的自尊。”

◉“他用刻薄的话伤害了她。”

◉“她伤透了心——她不知道她该如何继续与他相处。”

◉“我真的很失望——我本来一直都十分期待的。”

◉“我感觉自己被完全摧毁了。”

身体伤口和情感伤口之间存在着一个很大的不同点：身体上的伤口是可以通过肉眼观察到，可以被触摸到。你可能为身体伤口的严重程度而争论，但是你无法否认的是它以这样的形式或其他形式存在着。对于情感伤口来说则不同，因为没有证据能够证明一个情感伤口的存在，人中度过的。当时的儿童监管所，并不像我们今天看到的那样：他们往往是人手不足的，而雇佣的员工总是缺乏训练的。我当然没有与这些“缺乏经验的照顾者”建立任何形式上的关系。

如果后来我没有进行探索的话，我不会意识到我的问题，是与在儿童时期所受的情感伤害有关联的。我会认为自己的“错误”，是我内在的、天生的性格造成的，是无法修正的。探索完毕后，我至少能感觉到我那些抑制压抑着的悲伤、愤怒和嫉妒，并且学会表达。随后，我摆脱了自我惩罚的习惯，并且继续进行我的治疗。尽管，我仍然只能回忆起那些不好的事情中的极小一部分，我还是从这个过程中得到了一个有趣的额外奖励：我找回了很多童年时期的快乐回忆。

所以，如果你不能回想起当时的细节的话，请不要沮丧。提醒你自己：你并不是一个需要指证犯人的犯罪现场的目击者，你的任务是治疗情感伤口。这是可以做到的，正如我所做的那样，尽管我只能回想起极小的一部分。你脑海中“真正的事实”的记忆并不是完美的。当你到达“洞察”那一阶段时，你便能够获得更多的真实信息（前提是你想要回想起真实的细节的话）。“洞察”是整个疗程最后一个必需阶段，在这个阶段你可以找回真实发生过的事情中对你有帮助的部分。但是你现在所需要做的事情，是去回想起能够使你接触到你的伤口引发的情感的那部分往事。

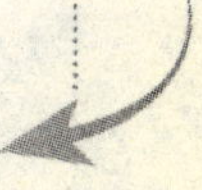

专注于“你的”感知

当你探索时，你对于“发生了什么事情”的感知和解释，也是很重要的。因为在这个阶段，你是在回想起那些你确信是伤害了你的事情，或是那些你认为有可能伤害了你的事情（正如我的做法一样）。这就是为什么其他人，对于你的伤害性的经历的看法既是不相关的，也是非必需的。

事实上，其他目击者的看法有时是会起反作用的。如果他们反驳你的解释，你可能会因此开始怀疑你自己的感知能力。以下的故事是关于特雷茜的，它可能能够帮助你明白为什么会出现这种情况。你会注意到她和她的姐姐布里奥妮以不同的方式，回想起她们童年时期的同一个时间段。这是因为她们的个人信仰、她们在家中的地位以及她们拥有的信息，影响了她们的感知。她们的故事也说明了，对于每一个人而言，相同的伤害性事件所带来的情绪上的残留是不一样的。

特雷茜的故事

特雷茜找到我寻求帮助，她想弄明白为什么当她开始接近另一个人时，她总是会很快便中断那段关系。这样的情况不仅仅当她面对生命中的男人时会发生，对于女性朋友也是如此。她对自己与前男友“造成不必要的冲突”的行为感到异常地愤怒。她觉得他很适合自己，所以她经常因自己的行为而十分绝望。

在探索可能造成这个问题的根本原因时，特雷茜告诉我说她和她姐姐是在她6岁时便被她母亲抛弃了的，是由她的父亲和继母养大的。她回忆起（我相信是十分诚实的）她的母亲是“……突然跑出了房子并再也没有出现过。爸爸说她是去与她的男朋友一起生活了”。

特雷茜自己提议让她的姐姐布里奥妮也来跟我聊聊，因为她觉得姐姐对于童年时代的记忆比她要深得多。

布里奥妮比特雷茜大两岁。当她听到特雷茜所告诉我的事情之后非常生气。她说：“你完全知道妈妈说她去了哪里以及她为什么去那里的原因。她根本没有任何选择……无论如何，我不知道为什么你还在大惊小怪。你一点都不关心这件事，你只是一直在玩。是我处理了所有的问题，尤其是当爸爸喝多了时我不得不照顾你。”

有趣的是，这对姐妹在此之前并没有讨论过这个问题。她们在性格上确实是十分不一样，但是仍然十分喜欢并爱着对方。从这次讨论之后她们建立了一种潜意识上的“约定”——不会再讨论她们童年时期发生过的事情，因为她们都很想放下这些往事。这是很正常的，很多兄弟都会这么做，在我成年前哥哥从来没有跟我讨论过我在儿童监管所的痛苦经历。

就特雷茜的治疗而言，在这个阶段最重要的是她需要回想起自己当时对所发生的事情的感知。她姐姐的感知是有趣的（尤其是对于我这个心理治疗师而言），但是对特雷茜而言是不起帮助作用的。事实上，在听完她姐姐的解释后，特雷茜感觉更差了。她更加相信是自己的性格出了问题，才造成了她现在不得不面对的问题，而不是因为那次伤害造成的。这个结果对于治疗因母亲离开造成的伤害产生了更多的抵制。如果不是

我打断了她的自言自语，并提醒她真正重要的是她对于这个事件的回忆，我想她并不会承认并表达因被她母亲“抛弃”时造成的恐慌情绪。

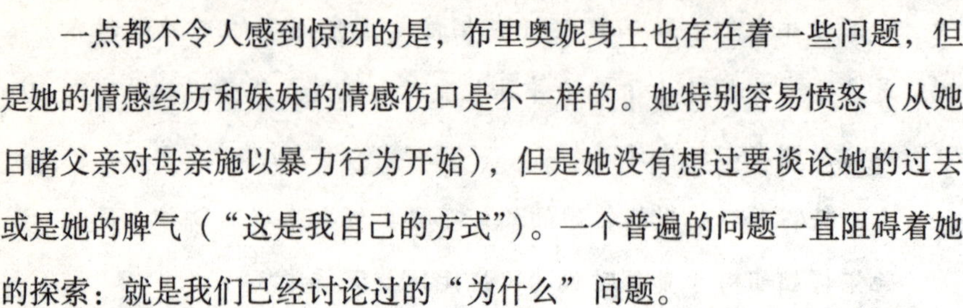

一点都不令人感到惊讶的是，布里奥妮身上也存在着一些问题，但是她的情感经历和妹妹的情感伤口是不一样的。她特别容易愤怒（从她目睹父亲对母亲施以暴力行为开始），但是她没有想过要谈论她的过去或是她的脾气（“这是我自己的方式”）。一个普遍的问题一直阻碍着她的探索：就是我们已经讨论过的“为什么”问题。

所以你要记住，你可以利用别的目击者的回忆来促使自己回忆。但当你在探索时，你需要去分辨出你自己对那件事情的感知与感觉（而在“洞察”阶段，其他人的信仰、经验和观点是十分有帮助的），所以不需要与你的目击者进行关于“真正的事实”的争辩或争吵。在他们提供完了他们的故事版本后，你只需要感谢他们并告诉他们你愿意以后再与他们讨论。

找到能够描述你的感觉的词语

“任何语言都无法描述我当时的感觉。”

刚好在一周之前，我跟我女儿说了这样的话，因为一个我很信任和珍视的人令我非常失望。幸运的是，我的内在心理警告系统立即开始运作！它告诉我说，我的情绪十分混乱并脱离了我的控制，我需要进行一些探索。确实如此，我感觉有好几种不同的情绪淹没了我。在这样的状况下，我知道自己无法理性地行动或做出任何正确的决定，我也知道在

我远离这种状况之前我是无法治愈这个情感伤口的。

通过语言帮助来探索情感和伤害，转移了我们大脑活动的关注点，使得它从情绪中心转移到那些皮质区域，而这些区域覆盖了我们更加复杂的思考部分（在下一章中我们将更多的谈及到这一主题）。一旦我们发现能够用语言来描述我们的感觉，我们马上会感觉到好一点，这是因为我们能更好地控制自己了。因为我们既在思考着又在感受着，我们将获得一种自我能量和情感平衡。现在可以分析和计划在我们的下一个阶段（即表达）中，我们需要关注什么样的情感。

这样做也特别有助于我们找到特定的词汇来描述你每种情绪的强弱程度，当然这并不是一个精确的测量。但是如果知道我们是“轻微生气”还是“非常生气”的话，对于我们在计划如何利用这些神秘力量其他部分的治疗时，是非常有帮助的。所以，如果你发现你找不到词汇来描述你现在的状态时，尝试以下治疗建议。

获得完美探索的七种方法

1. 利用记忆提示

从你的档案文件中收集一系列的能推动回忆的东西。举例来说，这些东西会包括：

◉照片

◉新闻报纸或杂志

◉唱片

◉小摆件

◉衣服

◉书、电影和信件

◉食物和饮品

留出一些时间来静静地翻看它们，依次拾起它们并完成这样的一个句子：这使我想起了……

2. 与其他人当面交谈

你可以与你的一个好朋友来共同完成这个任务，对方并不需要是知道发生了什么事的人或是参与其中的人。你只需要找一个你信任的、能为你所说的话保密的“积极的”听众，对方会鼓励你去倾诉，而不是只是在不停地自己说或只是安静地倾听着。在如何帮助他人治疗伤痛的那一章中，我给出了几条关于倾听的有用建议。如果你的朋友不能好好地倾听，你可以让他们看看这些建议。（记住，这并不意味着他们不是你的好朋友，他们可能会在其他治疗阶段帮到你。）

如果你担心这么做是在逼迫别人，那么当别人拒绝你时你应该从容面对，不要把别人的拒绝放在心上。你可以告诉他们，他们可以拒绝，你能够找到其他人帮忙。

如果你没有这样的一个朋友，那么你可以找一个志愿者、辅导员或心理治疗师。如果你认为你的经历十分离奇，他们凭借个人的力量可能没法帮到你，那么你可以寻找自助小组或专业人士。在网上搜寻或在图书馆、健康诊所处咨询，便能找到相关国际组织的联系方式，它们能够指导你如何找当地的有关人士寻求帮助。

记住，任何一个辅导员在你未告诉他们情况的前提下，可能无法为你提供你所需要的帮助。所以你需要告诉他们你正在做什么，让他们帮助你去探索和回忆发生了什么。如果你发现你和他们的谈话并不能为你提供任何帮助，就鼓起勇气告诉他们，以便他们灵活地调整对策。（我有很多种与来访者合作的方式，在发现一种方式适合对方的方式之前我经常不得不进行一些实验。）

如果你在童年时期曾受到极度严重的伤害，我建议你通过与别人谈论这段来开始你的探索过程，而不是采用其他建议中的手段。

3. 通过电话交谈

当你无法找到一个与你面谈的人时，你可以打电话来完成这一任务，但是不要立即转入关于你所受到的伤害的话题中去。如果对方不方便谈论这个话题，而又发现你很急切时，他们会觉得很难直接告诉你。毕竟，对方不仅需要全神贯注倾听，还需要处于一个私人空间内。

你需要向对方解释说你想要谈论是一个个人问题，将会花费他们的10至15分钟时间。如果对方当时不方便，可以让他们稍后再给你回电话。

你可以通过立即向对方解释你需要什么来开始这个提前安排的电话，这样你可以确保自己能够获得你所需要的关注。

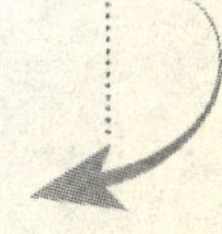

如果你更乐于与匿名的陌生人聊天，你可以拨打众多帮助热线。他

们的电话号码可以利用我之前建议的方式得到。

4. 通过电子邮件的方式聊天

作为英国的最大援助组织之一，“撒马利亚人”（The Samaritans）从1994年开始就有了他们秘密邮箱地址。他们现在每天收到300多封电子邮件。一位女发言人最近说：

> “很多人觉得秘密地谈论他们的情感是很困难的，”“撒马利亚人”顾问撒莎·尼尔森说道，“他们发现自己更容易接受写下来的方式。我们收到的大部分邮件看上去都是来自年轻人）可能是因为邮件为他们提供了一个通过电话聊天时所不存在的空间。他们可以写下那些他们从来不敢大声说出的话——邮件使得他们能够表达自己的情感。人们更坦率地说出更多严重问题。”

其他自助组织现在也采用了这种方式。还有人采用了网上聊天室和博客的方式。除非你所处的位置十分安全，并处于很好地掌控之下，否则你需要谨慎地选择借助这些方式来公开你所受到的伤害，这么做有可能会令你变得更加脆弱。

5. 写下来

你可以给和你分享经验的或可能对发生的事情有更清晰的记忆的人写信或是写电子邮件。（注意，你要记住我们之前所说的——在你的这个治疗阶段，你自己的感知最有价值。）

另一种比较流行的方式是给杂志社或是一家叫做“知心姐姐”（Agony Aunt）的报社写信。虽然这并不是能够帮助你完成探索任务的最好方式，你可能会从其中获得对你极有帮助的建议。

此外，你可以只写给你自己看。我经常建议我的来访者去买一本笔记本。这本笔记本就是为了达到这个目的而存在的，它应该是一本小到足以随身携带的本子。因为一些想法和记忆常常“意外地”从我们脑海中显现，随时把它们写下来有助于你控制你的情绪。另外，当你有时间并准备开始进行探索时，你可以看看它们。

你也可以在书上写下你的一些感悟。因为当你知道没有人会听到你在说什么，没有人会看到那些话时，你能更自由更放心地进行探索，会做一些在其他情况下不原意做的事情。（例如，当你发现一些想法令你羞愧或尴尬时，你可以“发出声音”。）

最后是关于发表你在本阶段所写内容的一个简短警告。最近流行出版关于“不幸的”的自传。但在你完全治愈之前别冒险地仓促发表任何关于你的伤口的文章。你可能会发现这样做造成的后继影响太紧迫以至于你无法控制。

刘易斯在《小小男子汉，永远向前进》（*The Kid Moves On*）这本书中谈论了这个现象。当他探索着童年时期所受到的虐待时，他完成了

《小小男子汉》（*The Kid*）的写作。在这本书中，他向媒体和大众透漏了他巨大的压力，那时，为了处理那些精神压力，他开始嗜酒、过度饮食并试图强迫自己控制自己的情绪。后来这本书成了了一本畅销书。

> 我不知道如何处理这些令我感到棘手的情绪。我觉得自己正处于将被情绪淹没的危险之中，但我却在利用着一些坏习惯来坚持地生活着。这是我过去的生活模式，我本以为我再也不会重复它。看上去我目前无法停止我自己的行为。
>
> ——凯文·刘易斯（Kevin Lewis）
>
> 《小小男子汉，永远向前进》（*The Kid Moves On*）

6. 想像

关于记忆的调查研究发现，当你处于当初事件发生的环境中时，你能更容易的回想起一些细节。这就是为什么在戏剧疗法小组中，我们试图通过重新排放家具来重现场景。如果你正在自己一个人地探索着，你可以利用你的想像力来重现场景。但是，你的伤口如果是一个极为严重的创伤（或是那些很难回想起的），不要这么做。你完全没有必要去令自己再次受伤。即便是你在与一个心理治疗师合作，你也不需要为了治疗而这么做。

7. 利用艺术

很多人发现自己完全不使用任何话语，更容易开始进行探索。如果你认为这种方式适合你，你可以用彩色笔或是油漆去“倾倒出”影像，或在一张纸上“倾倒出”你伤口的符号象征（你并不需要去填满这张纸）。

你还可以去制造一件“雕塑”——它是那些被选出来排列过了的、能够代表你的伤口的物品的集合。

当你在使用这两种方式之一时，需要注意不要利用任何艺术标准来进行判断。如果你在探索时这么做的话，会阻碍那些处于你潜意识中的你所需要的东西的自然浮现。

当你完成了这个步骤，你可以进行进一步的探索：当一个词汇蹦入你的脑海中时你需要立即指向相应的区域。注意不要开始理智地去一一对应。如果你（或其他人）这么做了，你会遇到将自己与自己情感隔离的危险。探索的主要目标是去寻找与你所受伤害联系在一起的情感，这样你便可以继续前进并在下一个治疗阶段表达它们。

探索箴言

探索的目的是回忆起发生过的事情以及你当时的感受，在这个过程中，你不需要担心：

◉你的记忆是否完全准确；

◉造成其他人对于该事件的记忆版本与你的版本不大一致的原因；

◉是谁或是什么应该负起责任；

◉伤害的严重程度或其他方面的细节。

第四章

第二种心灵神秘力量：表达

Expression

在利用“表达”这个心灵神秘力量时，你的目标是去体验与你所受的伤害联系在一起的情感，并在一定程度上表达它们。

或许当你在探索时已经开始这么做了，也有可能没有这么做。我们各自处于相似环境中所采取的不同反应，没有对错之分。当人类处理情感问题时都会采用完全不一样的方式，当你见到一组正在遭受相同创伤的人时这种现象尤为明显。

几个月前，三位经理人参加了一个再就业辅导，他们都被同一个人用同样的预先准备的一段话，告知说他们的工作前景暗淡无光。

他们都觉得这个消息令人震惊。他们每个人都有一个非常优秀的工作经历，都有充分的理由对他们的就业前景保持乐观：他们都30多岁，有着自己的家庭，有着相似的财政状况。在一周以前，他们跟着他们的主任参加了一场会议。在这场会议中，他们讨论了他们的战略和预算，被告知说公司正处于良好的状态，来年的收入预算计划令人备受鼓舞。他们对于这一坏消息的不同情绪反应被人事资源管理部门的人记录了下来：

(1) 马克冲了出去。他说他很愤怒，直接冲到他的职业联盟代表人那寻求帮助。

(2) 吉儿笑了笑，耸了耸肩。在被问及她感觉如何时，她说她并不认为有沮丧的必要。她补充说因为这种事情随时有可能会发生在任何人身上，你所需要做的只是找一种方式去继续干下去。

(3) 吉米什么都没说——他无动于衷。当他被问及他感觉如何时，他说，“我不知道——我始终无法相信这个消息。”一个与他相熟的同事说认为他被“从内部破坏了”，因为他变得十分安静，觉得自己很难专注于自己的工作。

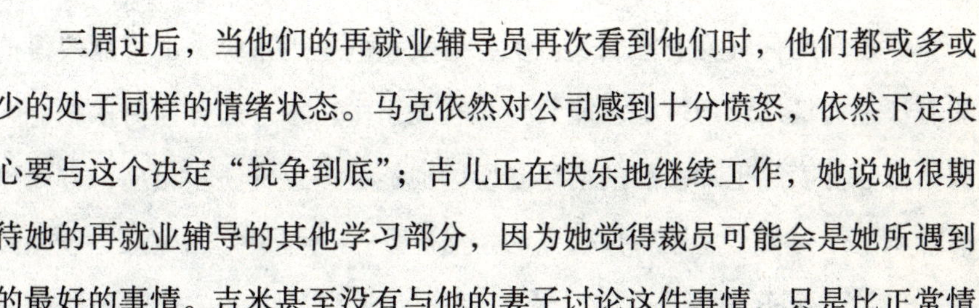

三周过后，当他们的再就业辅导员再次看到他们时，他们都或多或少的处于同样的情绪状态。马克依然对公司感到十分愤怒，依然下定决心要与这个决定“抗争到底”；吉儿正在快乐地继续工作，她说她很期待她的再就业辅导的其他学习部分，因为她觉得裁员可能会是她所遇到的最好的事情。吉米甚至没有与他的妻子讨论这件事情，只是比正常情况下多喝了很多酒。

因为我并不了解他们，我不能确认他们是否以这样不同的方式来处理这个创伤。但是我们不妨猜一猜，这将有助于我说明我们的习惯与情绪表达方式的主要影响因素。

为什么有些人能更轻易地表达情感

（1）我们的天性，通过我们的遗传和生理结构，预先决定了我们的默认性格。

马克（正如他名字所提示那样）有着意大利血统，这造就了他更易于公开地表达出他的沮丧和愤怒的性格。而他另外两位同事的传统的英国“古板的”情绪方式，在欧洲北部人群中非常普遍。从戴安娜王妃去世那一刻开始，这种情绪方式成为一个被很多人谈论的现象。英国的皇室成员能够很好地隐藏他们的情绪，相反，在我生活过很多年的西

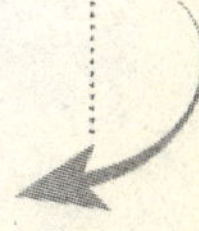

班牙，人们会比较公开地表达自己的情绪。当西班牙皇室成员经历了一次个人悲剧后，我们可以看到他们与英国皇室成员不同的反应。电视媒体和新闻报纸都登满了他们哭泣时的照片，他们看上去蓬头垢面、十分苦恼。

但是，即使马克有意大利血统，他个人的生理系统，也可能使得他拥有快速的情绪反应。他可能天生具有高于平均水平的男性荷尔蒙，导致他更容易表达他那愤怒的情绪，所以他能够击退威胁。相反，吉米可能继承了使得他更易于得抑郁症的特点。

(2) 一些自动情绪反应，被编程进入我们大脑中，受到我们的早期培养、角色塑造以及文化压迫。

我知道后天培养能够颠覆我们的天性所造成的影响。文化、宗教、性别和家庭环境，都对我的易于表现自己的情绪的性格培养产生了影响。像马克一样，我天生就是一个急性子，然而我是在英国长大的。正如我们已经讨论过的那样，在那里，公开表达个人情绪是不被社会接受的。另外，我的教养更进一步地强化了我对负面情绪的压制。在那个我大部分童年时光都在其中度过的儿童监管所中，表达任何沮丧或愤怒情绪是不“安全的”。更何况，作为一个天主教徒并在女修道院中接受教育，我被“神圣的处罚”威胁着，不敢轻易表达自己的情绪。

吉米可能在小时候也也受过不赞同流泪的观点的教育，但是作为一个男孩，他本不需要用笑来代替流泪，以表达他的愤怒或悲伤。虽然近些年来，这种阻止男性的眼泪的做法，受到严重地挑战，但男人们仍然比女人们具有更少公开地流泪的特性。那些最近请教有关治疗问题的男人们，在本阶段有着面临更多问题的趋势。很多人与吉米的做法一致，他们几乎都有了英国男性中较为普遍存在的咬牙切齿的习惯，并使用“无声处理方式”来表达他们的情绪；或是如同吉米一样，很多人使用酒精来作为压制情绪的药物，其他人还会利用玩耍或看球赛来表达或转移自己的情绪。

（3）个人所处环境。

我们的个人所处环境，同样会影响我们表达情绪的方式。同时，我们的个人情况和健康情况，也影响了我们表达情绪的方式。让我们想像一下，由于吉米的女朋友十几岁时就意外怀孕，吉米不得不被一段没有爱情的婚姻束缚了十五年。可能也是因为吉米的母亲所犯的类似错误，造成了吉米的出生。所以当母亲希望他对女朋友负责时，吉米可能感觉到这是他欠母亲的，是他的出生害得母亲不得不牺牲自己的时间。因为抱有这样的想法，他顺从地接受了“命运”带来的打击。

另一方面，马克在接受大学教育期间可能在工厂地下室里工作过一段时间，我们猜测他可能卷入了当时时常发生的联盟罢工政治事件。由于专业联盟的行动威胁了他，他的表达愤怒情绪的方式，很有可能因此受到影响。

吉儿可能最近在谈恋爱，正考虑着辞掉工作并开始全心全意地照顾家人。如果是这样的话，就可以解释她在处理这种情感经历时的“放任”方式。让我们想像得更远一些，吉儿可能患上了糖尿病，所以采用这种“放任”方式，仅仅是为了尽可能地防止让自己变得沮丧。一旦变得沮丧的话容易导致低血糖。

了解影响我们表达情绪的自动反应，对于控制这个阶段的治疗至关重要。我们需要分清楚什么样的情感是我们自己的，是合适的，以及什么样的情感是来自自动反应的。如果后者与我们的真正情绪反应不同，我们则需要采取行动以控制它们，也可以通过利用下面的技巧来控制它们（如果你已经有足够的处理你的情感的经验的话，你并不需要它们）。你将学会如何去识别出自动反应，时刻提醒自己，记住这些情绪

的来源能够帮助你摆脱这些不需要的情绪。这样一来，你便可以自由地鼓励自己表达你真实的情绪。以下是一个练习，它能够帮助你更好的认识到你的情绪上的预先编制的反应与情绪表达之间的关系。

放下本书，立即练习：我的自动表达模式

（1）花一些时间去思考关于天性、教育以及你最近所处的环境对你表达情绪的方式的影响。回答以下的问题，它们将有助于你的思考。如果你觉得这些问题难以回答，你可能需要问问你的家人或亲密的朋友。

◉别人觉得我是否是一个“爱哭的孩子”呢？我经常在人们面前哭吗？我有像一个孩子那样晚上在床上哭的趋势吗？当我感觉到悲伤时我会跑开并躲起来吗？

◉在我童年时期，对我而言最重要的长辈对于他们所受到的伤害的反应是什么样的？他们是始终抿着嘴唇板着脸还是自由地表达怒火？

◉我的家人说我最像哪一位亲戚？（他或她可以是一位你到现在都没见过的亲戚。）你知道那个人是如何表达情感的吗？

◉在我的宗教信仰中有什么有力的观点或处理悲伤、挫折和不公正的惯例对我的表达造成影响吗？

◉在我长大的城市里，表达伤害情绪的什么样的方式，是最无法被社会接受的？

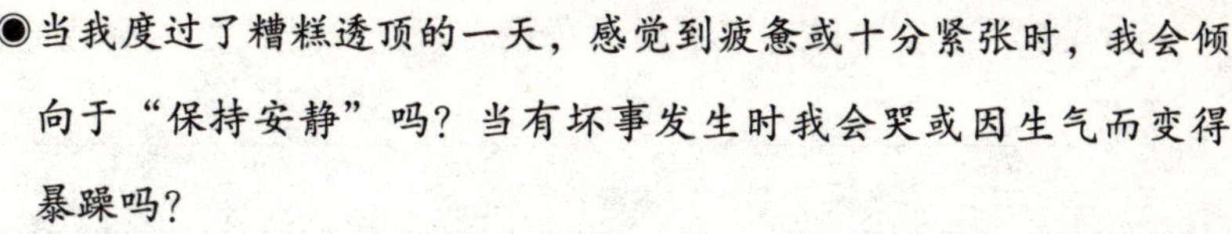

◉当我度过了糟糕透顶的一天，感觉到疲惫或十分紧张时，我会倾向于“保持安静”吗？当有坏事发生时我会哭或因生气而变得暴躁吗？

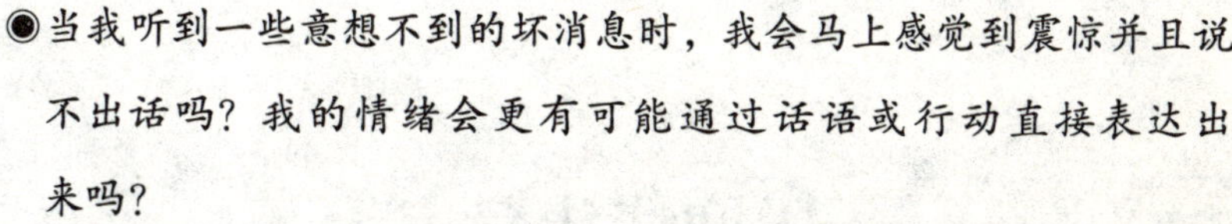

◉当我听到一些意想不到的坏消息时，我会马上感觉到震惊并且说不出话吗？我的情绪会更有可能通过话语或行动直接表达出来吗？

◉当我沮丧时，人们能够通过观察我的脸色或我的行为来确定我当时的情绪吗？或是当我告诉他们我的感受时他们会经常感到惊讶吗？如果是后者，是什么原因导致了他们这样的错误印象？

◉最近我正因身体状况出了问题而影响了我表达痛苦的方式吗？

◉在我生活的地区的文化中，男孩和女孩被认为是在行为举止有所不同的吗？

◉在我工作的地点，我能够自由地表达我的情绪吗？还是说人们觉得我应该闭口不言？

（2）带着要找出出现了的任何习惯性的情绪表达模式的想法，去回顾你的答案。

（3）将以下的句子补充完整：

当我感觉到失望时，我最有可能表达或是压制我的情绪，通过：____________________

当我遭受损失或因为其他原因感到悲伤时，我最有可能表达或是压制我的情绪，通过：____________________

当我被不公正事件伤害了时，我最有可能表达或是压制我的情绪，通过：________________________________

____

压抑情绪危害大

当一种情绪刺激激发了一种情感时，甚至在我们意识到这种情感产生之前，一种生理上的连锁反应将会启动。之所以会出现这种生理上的连锁反应，是因为它可以暂时修复身体情感，从而防止产生“紧急危机反应循环圈”。让我们能够时刻提醒自己，如果我们不允许反应完成它自己的自然过程的话，就会出一系列问题。

首先，如果我们继续按照这样的生理模式生活的话，我们的健康会出问题。我们的生理系统需要尽可能快地回到它正常的运行状态。在危急模式出现时，我们的生理状态没有按照“稳定状态”和一般的保养情况下运行。我们体内产生的化学物质会变成有毒物质——压迫我们的消化系统和我们的肌肉，这些组织会长时间承受高速运转的负荷。如果紧急状态持续很长的一段时间的话，我们的免疫系统也会出问题，我们将会面临更多的身体问题。

其次，我们也会在我们的生计和人际关系方面付出重大代价。如果我们体内的压力积聚到“爆发点”时，我们将面临着这样的危险：只要我们被小小地激怒，我们那无法控制的情绪，就会自动爆发出来。这在很多方面来说是十分具有毁坏性的。你可能发现你对一个无辜的人或在一个错误的地方，爆发了你那抑制着的情绪。以下两种情况中，这么做的后果往往是相当严重的，我相信你能因此想起更多的日常生活中的类似例子。

◉一位早上咽下了他对自己正处于青春期的儿子的不尊敬和自私行为不满的老板，仅仅因为一个优秀的年轻雇员的小错误而大发脾气。而这个小错误经常是大家被忽视的并被视作一个可以理解的错误。

因为感觉到羞愧，这位老板没有忘记这个意外事件，但是他并没有道歉。相反，他为了掩盖自己的尴尬便继续在那个雇员的工作中挑错。

那个不满的雇员离开了。在几个星期之后的一个交流项目会上，那位老板的一位亲密的高尔夫朋友听到这个雇员在背后中伤他曾经的老板。

◉保拉因为与交往了很久的男朋友分手而伤心欲绝，但是她坚决要表现出一种无所谓的态度。

她不再流泪，她撕掉了他所有的照片，将他和他朋友的手机号都拉入了黑名单。然后，她开始频繁与“完全不同类型”的男人们短暂地交往。

几年之后，当她为她最好的朋友作伴娘时，那个朋友问起了这件事情。看到她的朋友穿着漂亮的衣服，笑得十分灿烂，她突然觉得难受。她无法止住那些被压抑了多年的泪水，她为自己的行为感觉到耻辱。她知道这样会毁掉她朋友生命中最好的这一天，但是她无法控制自己的泪水以至于她无法陪伴着她一起走进礼堂。

我们需要表达多少种情绪

在过去的二十年间，我对于这个问题的个人看法有着很大的变化。现在我相信，为了治疗伤口你只需要感受并表达那些处于最初期状态的情感。举例来说，这意味着：

◉如果你感觉到吓坏了，你只需要感受那种仿佛蝴蝶在你的胃中鼓动双翼的感觉或体验一种细微的颤动就已经足够了，你不需要去感受由恐慌带给心脏悸动的攻击。

◉如果你感觉到失望，你只需要感受到眼泪盈满你的眼眶就已经足够了，你不需要去撕心裂肺地大哭。

◉如果你感觉到愤怒，你只需要感觉到自己在咬紧牙关或在揪紧胃部就已经足够了，你不需要大声尖叫或是扔东西。

对于这个问题，你可能已经做出过不同的选择，那么让我解释一下我是如何获得这个结论的。在我的早期职业生涯中，人们普遍认为能够最大发泄情绪的疗法是“时尚的”。我在心理剧、戏剧疗法和完全心态方面接受相关训练，我很喜欢这种工作方式。我们采用各种技巧去鼓励人们尖叫和大喊，或是捶打那些代表着伤害了他们的人的垫子。人们通过见证悲痛的程度和留下的眼泪的多少，来判断这样的学习课程是否有效。最有情感气氛的环境是令人激动并且是吸引人的。像其他人一样，

我发现这种使人清爽的方式，可以作为之前啰嗦的对话方式的替代品。参与者可以通过从表达被压抑的情绪中获得立即的缓解，当他们完成这个过程后感觉自己获得了新生。然而，很多年后我开始逐步认识，将这种发泄方式作为治疗工具的利用范围是有限的。

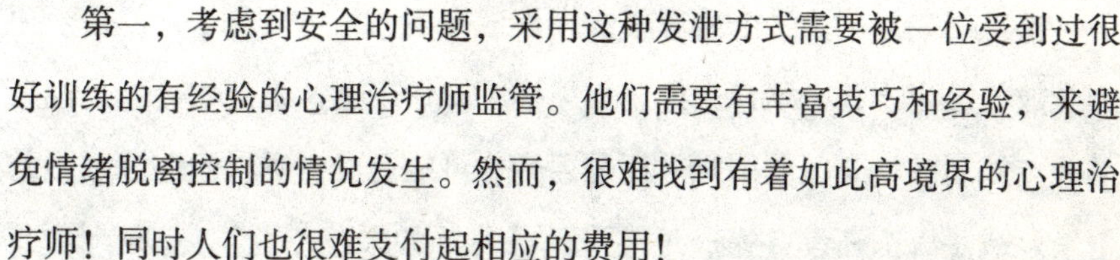

第一，考虑到安全的问题，采用这种发泄方式需要被一位受到过很好训练的有经验的心理治疗师监管。他们需要有丰富技巧和经验，来避免情绪脱离控制的情况发生。然而，很难找到有着如此高境界的心理治疗师！同时人们也很难支付起相应的费用！

第二，发泄场所是非常喧杂的，因此人们需要找到一处私密的、隔音的地方。想要找到这样的一处地方真的是太不容易了，尤其对于人口过于密集的英国来说。

第三，很多人（尤其是大部分脆弱的人）发现，当他们回到他们平凡的、艰难的或缺乏帮助的现实生活中去时，他们感觉到他们的心情一泻千里。结果他们开始对这种发泄方式产生依赖心理，很多人变成了所谓的“治疗瘾君子”。然而当无法使用时，很多人选择了另外的方式，如服用合法或不合法的药物。

当我开始有了这样的想法时，我正在写自助图书。为了满足这些人的需要，我需要创立并测试某些战略。我希望这些战略能够在读者未被监管的情况下使用，或被那些只受到基础水平的咨询训练的人使用。在彻底检测这种情感治疗战略时，我发现对于大多数的伤害，极小的情感表达看上去与极大的发泄表达具有同样的疗效。我还发现人们能够更加轻易地将这种温和的“低压”型的治疗，整合到他们的日常生活中去，这意味着有更多的人，能够从这些神秘力量中获益。（在以前看来情感表达阶段经常是自助战略的潜在障碍，因为在这个阶段中人们是冒着被情感吞噬的危险。）

我们应该感受悲伤，但不能在它的压迫下消沉。

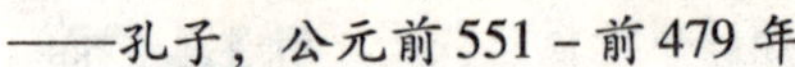
——孔子，公元前551－前479年

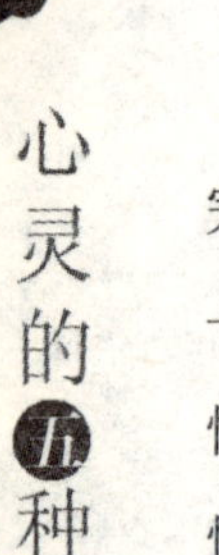

所以，如果你为这个阶段担忧，你现在可以松一口气了，但是不要完全放松警惕。我必须警告你，如果你不习惯表达情绪，你可能会经历一些与控制情绪有关的困难。那是因为你可能还没有明白如何控制你的情绪，或是因为还没有完成足够量的练习。如果我们无法完全控制它，情绪会在我们意识到之前迅速淹没我们，我们可能会因此变得害怕表达其他任何情绪。人们总说他们害怕他们的眼泪停不下来，或害怕他们的受挫感升级成一种危险的怒火。

另外一个能够解释为什么你可能会决定停止控制情绪的原因是：因为你的情感过于强烈，你总觉得控制情绪使你非常疲惫。那是因为表达深层情感，会将我们储备的能量消耗殆尽。我经常看到这样的事情发生，尤其是当人们发现他们需要能够快速回到他们重要的任务上去时（工作、照顾孩子或是做饭）。

最后，对于表达情绪这一环节，如果你是一个初学者，而你需要治疗的是一个很严重的伤口，那么你一定要格外小心。如果你要治疗的伤口与你之前并未完全痊愈的伤口相似的话，这样的建议同样适用。你需要记住，我们已经在探索阶段讨论过这样的现象。

但是不要过于重视这些警告（不要过于重视细节），在你的周围到处都是可以为人提供帮助的人。以下是一些技巧，它们能够帮助你在探索时控制住自己。

帮助你自控的技巧

技巧1：提防你的初期情绪信号

最重要的技巧是去了解并提防情绪反应引发的初期信号。以下是一些相应身体上的感觉。如果你有了这样的感觉，说明一种情绪反应已经被启动。下面就让我描述一些我个人的感觉来作为例子：

当悲伤开始淹没了我时，我发现我的鼻子会刺痛。这种情况发生在我注意到泪腺里的任何感觉之前，当我开始感觉到烦闷时，我注意到一种前额的绷紧感。这种情况发生在我开始轻拍手或跺脚之前。

显而易见的是，你的鼻子可能从来没有疼痛过，而你的前额也可能从来没有绷紧过。这是因为每一个人的初期感觉，是不一样的。我知道有些人，对于眼泪的初期信号是握紧他们的双手，而有些人则是闭上他们的眼睛。他们对于愤怒不同的初期警告信号，包括绷紧肩膀、腿或是胃部肌肉。当你在寻找你的初期信号时，一种很好的方法，是重点关注你身体中感觉到虚弱的地方。这是因为你体内一些区域易被负面情绪带来的额外压力首先影响。在我承受静脉窦问题的痛苦时，我在之前描述的两个初期警告信号，便是来源于静脉窦所在的区域。这两者的一致并不是巧合，其他病症也会有这样一致的情况出现。比如：有些患有皮肤病的人，可能是通过轻微的痒或是皮肤温度的改变，来注意到这个问题；有着令人苦恼的消化系统问题的人，可能是通过他们的胃部疼痛来

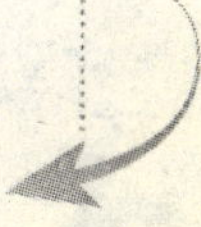

注意到这个问题。

你可以暂时不去寻找你的初期信号。但是你越是使用这些神秘力量去治疗你所受的极小的伤害，这种信号出现的越早。因为在处理极小的伤口时，我们相对更加放松，因此更容易意识到在我们体内发生的一切。

技巧 2：学习并练习应急的平静技巧

抚平你的情绪，与表达你的情绪的方法是极其不同的，基本上你所做的事情是远离了你最初的“丛林赛跑方式”自动反应。一旦你抚平了自己的情绪，你就能够更有意识地控制自己。如果你的情绪正沿着更加复杂的“睿智方式”发展，你也能够以你用过的方式来处理它们。这种抚平情绪的方式，使你能够决定什么时候去处理这些情绪，以及如何去处理他们。

本书中或其他 CD 上有很多可行的方法，但是有时候跟随一位教人如何放松的老师学习这些基本技巧将更容易融会贯通。你需要不断地去实验，直到你发现适合你使用的技巧。以下三个技巧是我自己最喜欢使用的，也是适合我的大多数来访者使用的。

精神复原的奇迹方式

躺下或交叉着双腿坐下成莲花状。

◉闭上你的双眼，有意识地放松。检查你的脸、下颚、双手、手臂、腿和脚是否已经放松，感觉自己正被所坐着的或所躺着的表面支撑着。

◉感觉自己正随着你的呼吸在呼吸的通道里进进出出，慢慢地深呼吸三至四次。有时候你也可以想像你的呼吸正沿着通道向里画着彩色条纹，随后又被反向慢慢擦去。

◉现在让自己自然地呼吸，慢慢地从数字50数到数字1或像这样重复字母表：ab…bc…cd…de…ef…等等。每当你的脑海中浮现出一个想法时，你需要重新从数字50开始往前倒数，或重新开始重复字母表。

◉允许你的思绪轻轻地漂浮几分钟，然后结束这次尝试。（你的身体会感觉到轻飘飘地，感觉自己是“能浮起来的”。）

◉如果你有时间的话，重复以上步骤。

积极的肯定冥想

◉使用上一个技巧来放松你的身体。

◉闭上你的双眼，随着你的呼吸频率，说一小段自己认为准确的积极的宣言。（例如：当吸进气体时，说，“我是”；当你呼出气体时，说…“自信的…能控制住的…勇敢的…能干的”，等等。）

◉如果任何想法涌现在你的脑海中，轻轻地将你的注意力移回到你所选择的宣言持续1至5分钟。

冥想风景

◉像之前那样放松你的身体。

◉闭上你的双眼，专注于想像你所选择的风景或场景，这些浮现在你脑海中的风景或场景能够让你联想到一幅成功的景象或感觉到平静和放松（例如：一次握手或一次进球；在沙滩上的阳光或你非常欣赏的某个人的脸）。

◉利用你的想像力去细细地观察你所选择的风景或场景。尝试着去想像它带给你的感受。

◉留心感受在你体内再次产生的积极情绪。一旦有任何想法浮现在你的脑海中，你需要重新进行以上的步骤。

想像散步

◉闭上你的双眼，深呼吸，放松你的身体。慢慢地放松你的肌肉，表达储存的压力。

◉想像着自己正在一个美丽的地方散步。这个地方可以是公园、小山、小河或海边。如果你觉得屋子、教堂或博物馆也能使你平静，你也可以选择想像这样的室内地点。你感觉到自己正在慢慢地走着，你需要尽可能地留意每一个细节，欣赏那些吸引你的色彩、形式和香味。

◉在你睁开双眼之前的一分钟里，想像着自己选择了一个地方并坐下。你需要一边关注你的呼吸频率，一边想着你最喜欢的东西。

技巧3：指定一位情绪安全护卫

“情绪安全护卫”是我为了在表达阶段支持你的朋友而起的名字，他们的任务是确保当你在表达你的情感时，你没有给自己或他人造成伤害。我们需要谨慎地选择自己的护卫，在理想世界里，他们可能拥有以下的性格特征。在现实世界里，你可以借助这张列表的指导去尽可能的选择与这个完美模型最相似的人。

情绪安全护卫的理想性格特征

能够成为陪伴你度过表达阶段的理想中的人会是：

◉近期情绪稳定并自愿为你服务；

◉拥有当深层情绪被表达时依旧能够保持冷静的能力；

◉对于你正在探索的伤口，他们不会产生任何情绪问题（例如：他们不爱、不喜欢或憎恨你的“故事”里的任何人）；

◉很有力量，或已经准备好能够立即找到能压制住你的人（如果需要的话）；

◉如果你内心动摇、想退出放弃时，他们必须能自信地告诉你（例如：在你表达遇到困难时给予你睿智与力量，甚至嘲笑你的伤口）；

◉拥有足够的自信去承认他们的局限之处，并在需要时能够去寻找其他帮助。

你选择的在本阶段能够帮助你的人，可能在下一个阶段——安慰中也能帮到你。在下一章里，将会给出类似的选择理想安慰者的指导，你会发现它们中的一些部分条件是一样的。如果能找到能满足这两个任务所有要求的人，赶紧将他们锁起来并把钥匙丢掉！他们太有价值了，也太容易失去了！我会为能够获得他们的帮助而站在长队后面等待。

我可以非常肯定而严肃地说，事实上，在你的身边有很多人能够很好地完成这两个任务。但是他们可能意识不到他们能够做到这一点，一下子不可能给你提供帮助。所以，你需要去“请求”他们，你应该明确地告诉他们，你需要他们做什么和不需要什么。

如果因为你怕他们会认为拒绝是很令人为难的事情，而不情愿去寻求他们的帮助的话，你需要给他们提供大胆地说“不”的机会。你需要让他们确信，即使没有他们你也能够处理好这件事情。以下是一些草稿，希望你看了以后能明白你该如何做：

◉“我最近正在试图进行情感治疗……我正在寻找一个能够在我探索和表达悲伤时陪伴在我身边的人，我希望能获得你的帮助。但是我知道你可能非常忙，如果真是这样的话我完全能够理解，我可以再问问别人。”

◉“你知道我最近……我真的正在努力去克服它并继续生活。我现在需要去感受并表达一些我一直试图避免的情绪。我知道这对你来说可能很吃力，因为它会使你想起……但是我很欣赏你处理问题的方式。如果你能够在我试图完成这个任务时，陪在我身边的话我将感激不尽。如果你认为这对你来说可能太困难了，或是因为你现在太忙了，你可以拒绝我。我保证我能够理解你的难处并一定寻找到能够帮助我的人。”

◉“我相信你知道在我十岁那年，我……那次创伤到现在困扰着我。所以我决定采用一个自助战略。相信这些神秘力量能帮我治愈那些情绪伤痛。这些神秘力量中有一个步骤是需要去感受当年压制的情绪，我不想在这个过程中真的愤怒了或是崩溃了，我只是想轻微感受一下我所压制的情绪。我十分欣赏你在面对那么多次危机时所表现出来的冷静，我希望你能抽出一个下午的时间，陪我完成这对我而言十分困难的任务。但是，我不清楚你最近是否很有压力，所以你可以拒绝我，我会再去问问别人。”

你可以试着说这些话，虽然这看上去并不是一件“好”事，但在你的治疗过程中，能找到这样的正确帮助是很有利的。因为有的时候，他们甚至可能没有意识到，他们的表情已经开始转为提供有用的帮助了。比如：他们可能开始试图让你站在积极地角度上回想整件事情（这其实是使你直接跳入洞察的阶段）；或是因为他们自己也情绪波动了，于是按照他们自己的人生观，来催促你去原谅或忘记这件事，即便他们从来没有遇到过这样的事情。当人们目睹一个人正因为一次伤害而悲痛时，这样的反应是很正常的。他们的行为是可以被理解的，但是对你起不到帮助作用。所以如果感觉自己无法为你提供有用的帮助时，他们应该鼓起勇气说拒绝。

技巧4：找一个合适的时间

当我们的身体处于虚弱状态时，我们对于情绪并没有那么大的控制力。比如，你此时可能想起当你睡眠不足时，即使感觉到一点点郁闷，也会使你哭得停不下来。同样，在你感冒了或头疼时，如果有人对你很粗鲁的话你不是会更容易发脾气吗？

所以，你不应该在疲惫过度时进行表达，如果你感觉不舒服，就推迟这一表达计划。

在你开始表达之前吃一点东西，也是一个不错的提议。如果你要进行长时间的表达的话，你还可以准备好食物和水，因为饥饿和渴，也会影响我们对情绪的控制力。

技巧5：打扫卫生

> 发疯，然后战胜发疯。
>
> ——科林·鲍威尔（Colin Powell），
> 美国第一位黑人国务卿

与其他严肃的建议相比，这一条技巧听上去很无聊，但是它对我来说太有用了，所以我总结出这么一条技巧。我发现打扫和整理卫生，对于我来说是最能令我控制住情绪的方式了。所以如果我想要停止哭泣、颤抖或尖叫的话，我就会去打扫卫生。我认为这种方式使我不得不将注意力转移到一个有挑战性的工作上，还使我在劳动时表达了我体内的压力，所以它对我来说十分有效。当我从收音机里听到一位银行家被绑架，并被扣押在一个十米深的洞里四个月的故事，我感觉我将这个技巧写在这里没有那么的愚蠢了。因为他说当他绝望时，就利用打扫卫生来帮助自己表达情绪。他将地面上的每一棵杂草都打扫得干干净净，并自豪地回想起他一天之内摆脱掉的28条鼻涕虫。

所以在你开始你的表达情绪之前，尝试着让家里的东西处于杂乱的状态吧！

如果你不喜欢打扫卫生，那么整理花园或做一些手工的东西，也是不错的选择。再强调一次，在你确认什么是最适合你的方式之前，你要不断地进行尝试。

表达需要花费多少时间

我的来访者经常问这样一个问题：有谁会喜欢让痛苦的感觉在身上缠绕很长时间呢？当然，我是无法给出一个确切的答案的。因为所花时间是取决于伤害的程度、个人性格以及每个人所处的环境的，我能够确认的是，人们总是对完成情感表达的快速感到惊奇。

对于日常的小伤害，你只需要几分钟的安静时间就足够了，尤其是当你在被伤害之后，能够立刻腾出时间和空间来表达你的情绪。但是对于一些旧的或棘手的伤害，这个表达过程经常至少需要持续几个小时。对于它们，正如我已经建议过的那样，在日记簿中做好详细计划是一个不错的提议。（除非因为所有人都想要放下它，他们可能永远不会再发

生！）我的一位来访者，积累了很多来自童年时期的和来自两段失败婚姻的伤害。她决定在4个月中，每个月都抽出一天时间来作为“治疗和感受日”。这种做法对她来说十分有效果：她只利用了3个这样的特殊日子，便完成了任务，还空出一天专门自己安慰自己。这使得她离下一个治疗阶段——安慰十分接近了。由于这个人是自由职业者，对于她来说设计自己的工作议程相对简单。但是，你可能需要将你的治疗工作编排进一个十分满的日程安排中。如果是这样的话，你需要安排足够的时间来令情绪“升温”和“冷却”。这就是为什么你需要计划让每一个疗程都要持续2到3个小时。

大部分的伤害只需要一个疗程就能够解决了，但有些伤害还需要多一些时间。你需要找到在你的生活方式之下易于控制的步调。当你做足了练习之后，就能知道这个步调是怎么样的了，你需要学会感受到压力的表达过程。人们经常深深地呼出一口气，然后平缓地吸进一口气。但是，你的情绪可能不会这么轻易随之散去。你可能还能感受到由损失造成的悲伤或由一个重大挫折造成的挫败感，毕竟，你的治疗过程还没有结束，你还需要完成几个阶段的学习。

提高情绪表达效能的十三个技巧

能够使你最大程度地利用时间来进行表达的方式有很多，以下的建议将会节约你的时间，也会给你带来很多附加好处。因为它们可以使整个表达过程更加地令人愉快，我们能够因此减少耽误的可能性，并且会发现很多事情在做起来时并没有那么痛苦了。

如果你需要治疗一个重创的伤口，那么你需要首先利用以下的建议，在小伤口上来练习如何表达。这样一来，你会不用那么担心失控，还能确保自己能够更有效地完成这一步。

1. 利用体育锻炼释放你残存的压力

如果你长时间内一直都在受伤害，那么在你的肌肉中将会存储了很大的压力。因此在开始表达情绪之前，如果做一些柔和的身体运动，将有助于释放这些压力。注意，如果你运动得过于剧烈，就会增加自己的压力。以下的运动是一些好的选择（其他的也不错）：

◉游泳

◉伸展身体运动

◉瑜伽

◉普拉提课程

◉步行

◉跳舞

在你知道哪一种方式最适合你之前，你可能需要进行一些尝试。要特别关注你的压力最容易存储的地方，并特地运动这些肌肉。

2. 选择并准备一个对你有所帮助的房间

首先，找到一个私密的地方。你需要确保在这个地方时，你不大可能会被打扰。除非你有不寻常的、很大的工作环境或房子，选择这样一个地方意味着要选择一个大家都不在周围的时间段。将所有的电话都关闭，如果需要的话，在门上挂一个能阻止其他人敲门的牌子。

如果你在家或有个人办公室，你可以拉下百叶窗或关上窗帘。较暗光线是对你有所帮助的，因为它能使我们放松。这样一来，我们就能更加容易地接触到我们的情感。

如果在完成之前你不想离开你所在的地方，那么准备一些饮品和纸巾。如果你害怕你被偷听，那就准备一个垫子，它在你需要压制一些声音时能够派上用场。在阅读完剩下的建议之后，你可能需要一些支持者来帮你。如果你觉得确实需要，那就事先做些准备，确保你能够及时联系到他们。

3. 走进带给你伤害的那个场景

有时候人们选择在一个很特殊并远离家的地方，来完成这一个阶段

的治疗。比如，在某些情况下，回到你被伤害时的所在地，对你而言是有帮助的。一个女人在一家宾馆中预订了房间，因为她是在这家宾馆中长大的，而她的伤害可以追溯到她的童年时期；一个男人开着车去了公司的停车场，因为他是在那个停车场被解雇的；另外一个人坐在了酒吧的一个角落里，因为她和他的前未婚夫，在这里度过了很多快乐的时光；其他几个人选择了坟墓附近的地方，因为他们因失去他们所珍视的人而受到严重创伤。

你要是像这些人一样选择了一个公共场合，你必须确信自己能够处理好任何可能出现的情绪，你需要确保自己有一个“避难所”。它可以是一个安静的停车场，或者甚至是一间浴室。这样的话，如果你需要到一些私人场所去哭泣或表达情绪，你可以选择去这些地方。当然，你也可以让一个情绪安全护卫和你一起去，或至少事先安排好一个在电话线那端为你服务的人。

4. 创造性地重现当时的情形

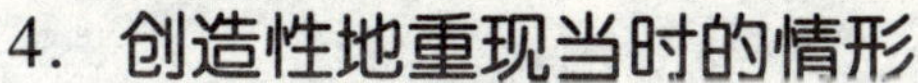

在你表达情绪时，除了采用回到能够让你回想起那次伤害的真实场景的场所这一方式，你还可以利用你的想像力。你可以选择在一间如同上面描述一样的特别准备房间里，或一个隐蔽的地方进行想像。当我住在约克郡时，我习惯跑去我房子附近的荒野中，表达我的挫折感和愤怒。当我住在西班牙时，我可以利用附近的一个被废弃的海滩。如果我住在城镇里，我可以经常利用教堂的一个安静的角落，或一个美丽的公园来回忆，从而慢慢地表达我的伤心或失望的情绪。

5. 找一个特别设计过的地方

如果你既有钱又有时间，你可以选择在一个能够提供安静地反射的地方的中央进行表达。现在像这样的地方越来越多，通常情况下，如果你想使用它们，你并不需要成为这个地方的主人。大部分的地方都习惯于被人们视作免费的治疗“圣地”，所以你也可以安静地这么做。另外，在网上搜索一下的话，你将会找到很多供你选择的地点。

类似的，一些瑜伽、冥想和按摩中心，也提供了合适的设施，也能给你带来其他好处。这样的疗法和活动，能帮助你表达压力。有时也有工作人员在场，他们能够为你提供专业的情感治疗护卫的服务。

最后（当然是最后，实在没有合适的地方了），你可以在西班牙西南的海滨，加入我的“反省和再充电的周末休息”课程之一，它们是进行表达阶段治疗工作的理想选择。

6. 利用音乐唤醒好心情

放一些能够唤醒你想要表达的情绪的音乐，你甚至可以记下你自己的曲目单。我丈夫比我拥有更丰富的音乐知识，他经常为我制作一些能够用在我的小组里的曲目单。我向他解释我可能要处理的情绪的种类，他则根据此为我找一些能够唤醒它们的音乐。我经常将能令人心情平静的音乐碟放在手边，这样当我需要时便可立即使用，我建议你也这么做。

……之前未被察觉或被遗忘了的情绪开始涌上心头，通过音乐的触发而被表达。

——杰森·韦伯斯特，《魅惑》（Jason Webster，Duende）

7. 回想当时的气味

我们的嗅觉“接受器”与大脑边缘系统有着直接的关联。大脑边缘系统是大脑中最原始的部分，被视作情绪的“所在地”，所以气味是激发情绪的一种极快方式。如果你能够回想起你受伤害时周围散发气味的东西的话，重现它们可能会对你有所帮助。比如，它们可能是香水、食物、草或烟。有时你甚至可以仅仅在你的想像中，回想起那种气味就能达到要求的效果。

8. 观看与情绪相关的电影或电视节目

这是我在讲习班中使用并获得极大成功的另一种情绪“热身”技巧，它会耗费你的一些时间，若这种方式对你来说能够奏效的话是值得的。

9. 阅读

一个更快捷、可能更简单的技巧，是去研究阅读一本相关的诗集或一篇关于相似经历的动人自传的报告。当女儿劳拉早逝时，我知道只有

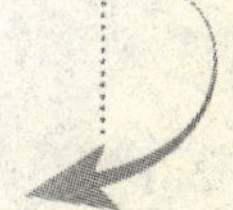

书能帮到我，所以我立刻订购了一册伊莎贝尔·阿兰德《波拉》。她在这本书里记下了她女儿的死亡以及她自己的痛苦经历。因为我知道这本书会唤醒我内心深处的情感，所以在我有足够的时间和空间，来处理这些情绪之前，我并没有打开这本书。（但是有趣的是，让这本书在我身边时刻准备着是一件很奇妙的事情，我知道它会在我的治疗过程中发挥重要作用——它也确实发挥了作用。）

10. 写作

劳拉早逝后，我尝试了另一种强有力的方式去唤醒我的情感。这是我建议我的来访者能够取得好效果的一种技巧：写一本关于你失去的那个人的书，这本书注定只能由你自己阅读。在很多个月的晚上，我都在书写——这为我提供了一次以一种私人的安全的方式表达我的一些情感的机会。

很多人利用写日记来作为表达的一种方式，当播音员约翰·达蒙知道他因为脑肿瘤即将死亡时就采用了这种方法。通过他的网络博客、他在报纸上的文章以及他为收音机记录的摘录中，他与大众分享了他的日记写作的绝大部分。当他记录时，他也吸引了很多有治疗作用的安慰（我们的下一个阶段将做介绍），因为成千上万的人在分享中被他的精神感动了，给他送去了令他感到安慰的祝福。

最后，我想给出一些明智的建议，这些建议是英国儿童诗大王、前桂冠儿童文学家罗森（Michael Rosen）告诉我的。在心爱的儿子夭折后，他写下了很多精彩绝伦的诗，这些诗给了他以及一些其他尝试从损失中“复原”的大人或孩子们提供了极大的帮助。

你不得不对你的情感绝对诚实。如果你试图欺骗你自己——或如果你试图写下一些你自己都知道不真实的东西——它们会反过来“咬你一口”。你心中有一部分是知道你所想的，或你所写下来的是不真实的，它会不停地唠叨着，重复着“你是无价值的”这样一个明显的事实，使你更加悲伤。“你不仅害死了那个人，还撒谎了。你到底还能多卑贱，嗯?”另一方面，如果你是诚实的，采用了这种近似残忍的方式的话，看上去会有另外一种效果。如果你写下了一些东西，你会感觉到有一点高兴，因为至少你可以清晰地看待问题了，至少你发现了那些能捕捉到你的悲伤和不幸的词语、短语和韵律。正如一首诗歌所说的，那里有凄惨的美!”

11. 利用艺术

你可以利用艺术，以两种方式来帮助你表达：你可以自己创造作品(例如，通过绘画、制作雕像或制作照片拼贴)，或选择使用别人的作品。在劳拉早逝后，我很幸运地遇到了一位年轻的雕刻家。他被她的故事感动，于是在与我和我另一个女儿见过面后，为劳拉制作了一尊半身像。我们将这个美丽的艺术作品，放在我们西班牙家中设置的纪念花园中，并在我们的英格兰的客厅里放置了一个仿制品。这对我来说是无价的帮助，因为它使我能够表达情感（也给了我极大的安慰）。我不是很确定为什么雕塑作品，能够起着比真实生活场景的照片更好的作用，但是我听到过其他很多人，在爱人的肖像和象征着灾难和战争的油画的问题上，与我有同样的经验，因而与我有着一致的看法。

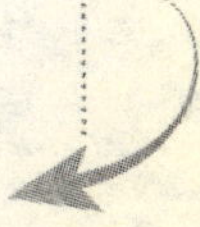

12. 自导自演一部短剧

唤醒情感的一种强有力方式是利用一把椅子、一张垫子或其他象征性的物品，代表作恶者、你失去的物品或你失去的人。然后，你可以开始与它们聊天。当使用这种方法时，诚实是至关重要的。所以要么你自己一个人进行，要么与一个你可以在他或她面前完全坦白敞开心扉的人一起进行。如果你之前没有使用过这个技巧，通常情况下你应该与别人一起开始使用这一技巧，因为它能够非常快地诱发出内心深处的情感。

另一种更强有力的方式是，参加一个戏剧治疗或心理治疗小组，前提是你很幸运地发现在你所在地附近有这样的小组。它们的优势是使你能够与那些可能真正地理解你的情感，并在你需要时为你提供安慰的人一起进行学习。

13. 在网络上共享

我在上一章里已经提到过这种方法并给出了一些警告。当你达到这一阶段时，网络对于治疗是有帮助的，也是风险更少、更令人满意。但是，如果网络是你唯一的选择，你需要试着去找一些，你可以看到对方的面孔并能立即交流的网站。通过肢体语言，而不是话语来交流时，情感经常被更诚实更感人地表达。

如今，一些网络天才正在挑战网络交流与情绪之间的限制，一家公司提出了一种有独特的利用色彩来分享情感的方式。打开以下的链接，你会找到一个情感分享项目，这个项目能够成为你的记录和表达情感的方式：

http：//www. cmu. edu/news/archive/2007/February/feb6moodjam. shtml

表达箴言

在体验由伤害引发的情感所对应的身体上的感觉，并表达它们时，你要记住：

◉你只需要感受部分情感而不是全部。

◉被压制的情绪会不受控制地、突然地涌上心头，所以你需要选择一个安全的隐蔽环境。

◉你可能需要一个"情感安全护卫"来监管你。

◉你需要熟练掌握情绪控制技巧。

第五章

第三种心灵神秘力量：安慰
Comfort

安慰这个神秘力量，可以帮助你实现你的目标——找到一种利用自己或他人的关注，来抚平情绪的方式。如果你所受的伤害非常小，那么这种关注可以是你自己给予的。但是对于那些非常严重的情绪伤口，最好是别人能够为你提供这样的关心。最珍贵的、最有效的安慰剂，来源于你自己和那些真正爱你的人的充满安慰与关心的“鸡尾酒”，其中还混杂着其他很多人情感上的支持。

听上去蛮诱人的？可能吧，但是我怀疑这一点。我之所以这么说，是因为这一步骤是我大多数来访者所面临最大的治疗障碍。当我跟他们谈及安慰时，皱眉头和露出古怪的表情，是他们最普遍的反应。

相反，那些有较高“情绪耐力”的人，则认为安慰是最简单的阶段。当我跟这些幸运的人谈及安慰时，他们笑了，他们还毫不费力地举出一些关于如何安慰自己，以及很多定期安慰他们的人的例子。

所以看上去这一阶段可能是本战略中最重要的。如果你害怕这一阶段会是最困难的时刻，那么无论它对别人来说是多么的讨人喜欢，这个消息对你来说都不算是一个好消息。好在我们有能够使药物变得更容易下咽的方法！

首先，你需要检查一下你的潜在困难是什么，这将有助于提高你的积极性。其次，你可以采用一些特定的、有目标的、有疗效的行动。

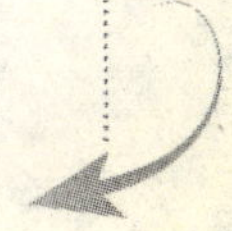

如何克服普遍存在的困难

以下是我在收到的那些意识到这个阶段令人畏惧的人们的信时，作出的反应的例子。你很有可能也经常有这样的感觉，如果是这样的话，我希望我的评论和建议，将会对你有所帮助。

我建议你仔细阅读每一个部分，而不是走马观花般地扫读标题，以找到那个与你曾有的感觉最类似的感觉。采取这种方式的话，你会得到其他人关于安慰的有用信息，并能更好地理解其他人遭遇的困难，从而给自己更大的启示。

记住，越是在他人需要时给予对方安慰，我们越有可能在需要时获得安慰。

“这样做使我觉得是在放纵自己，它根本不起作用。”

安慰不是放纵，而是自我鼓励。这两种行为方式之间有极大的不同，前者是颓废的、自私的和不必要的，后者是对伤害的、必需的、自然的一种幸存反应。它也是治疗的重要一部分。当人们分享他们相同的或相似的伤害时，可以互相给予安慰。因此，它在本质上并不等同于自私。你可能没有意识到这一点的不同。通常造成这种误解的原因，可以追溯到在你童年时期，你所受到的教育、你的宗教信仰或是其他形式的影响中，获得的关于自我鼓励的负面的或是混乱的信息。这符合你的情

况吗？如果你也是这样的，那么请做一些小练习：

正确行动

列出自己和那些有始终阻碍给予和接受安慰的想法的人，在性格上、需求上和价值观上的不同。

“以前我从未因被安慰而感觉自己的伤痛被治愈了。”

有两种主要原因造成了你这种问题。可能是因为安慰被给予得太快。当别人被伤害时，大部分人会想立即安慰对方，这就是安慰。不幸的是，这种强烈的欲望的力量太大，以至于安慰经常被给予得太快，从而没有效果。除非你已经完成了探索和表达，否则即使对方真诚地巧妙地安慰你，你也不会敞开心扉地真心接受。更糟的是，你甚至可能会“推开”它。

一段时间以前，我正在观看英格兰足球队的节目，他们刚因在世界杯中惨败而失望透顶。在比赛结束后，很多人涌入帐篷去拥抱他们。然而，有些人被推开了！震惊的选手们显然不想要被拥抱。这是一个过于快速地给予安慰的实际例子。联系到他们的情绪治疗需要，对于选手们来说，可能更加糟糕的是其他国民的反应。队员们“失望透顶”的危机，很快被无止尽的分析、讨论关于输的原因，以及关于它将如何被历史记录的问题所代替。换句话说，整个国家都直接从太过于简单的表达阶段，跳跃至洞察阶段。这其实也是一个英国人感觉安慰治疗，令人不自在的例子。相比而言，其他国家的运动员，会在比赛惨败后，在电视机镜头面前，公开地相互抱着哭泣几个小时。

为什么过去安慰对你来说没有作用的另一个原因是：你所接受的安慰是有欠缺的，可能是不可信的。即使安慰你的人努力让自己表现得真诚，这样的情况也会经常发生。甚至是我们最亲近、最珍爱的人，也经常发现很难理解为什么我们会因为一些微不足道的小事，感到受伤或变得沮丧。这是因为人们的个性不同，或因为人们对待相似时间的反应模式不同。我最近看到了两个家庭的人以不同方式，处理同一个很令人失望的事件的故事。

布朗和詹姆斯家都有同样聪明的九岁的男孩，他们都申请了当地同一所学校，这所学校是他们所在地区最有名、最好的。但是，他们两个都没有被录取。

布朗家的人几乎把这个坏消息告诉了周围所有人，人们能够清晰地从他们的脸上看出失望。这家人这么做时，实际上已经探索并表达了由他们所受的伤害引发的情绪。随后他们和他们的儿子，以一种自然的方式收下了来自同事、朋友以及他们的远房亲属的安慰。当然，在喜欢通过拥抱安慰别人的英国，那些亲密的朋友和家人，大多数是通过拥抱来安慰他们的。

但是也有很多朋友、邻居和同事选择通过言语来安慰他们，真诚表达了他们的同情与感同身受，比如：

"天啊，多么可怕！""你一定很失望！""这个社会太不公平了！""学校之间其实没有什么不同的！"；"我知道当我女儿没有被录取时她是多么失望！"

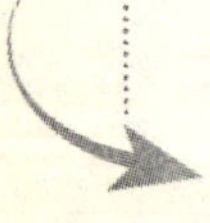

我猜想，布朗家的人和这些评论着的人，甚至没有意识到他们对情感治疗的这个重要阶段，做出了巨大贡献。

在这些支持者的鼓励下，这家人决定上诉学校的这个决定。虽然我们不知道这次上诉是否成功，我深信即使不成功，由这次失望带来的伤害也将会被治愈。

詹姆斯家的人的表现则完全不同。

詹姆斯先生（他的太太点头支持了他），是这么对他哭着的儿子说的："这就是生活——在这个城市里有太多的人和太少的资源。政府应该阻止移民的涌入，但是他们永远不会这么做。所以最好忘记这件事情，并往好处想想。你的祖父和我，都没有接受过良好的教育，但是我们都获得了认可。不要表现得让别人觉得你很介意这次失败。我想预订周六比赛的票，我们一起去看——你觉得如何？"

尽管詹姆斯先生也是深爱他的儿子的，但是，他处理这次事件的方式，并没有治疗任何人，尤其是他儿子。因为爸爸只是如此简单地提出建议，九岁的詹姆斯很有可能并未放下当时的情绪。我猜想，和其他很多也获得过这么冰冷的安慰的孩子一样，当天晚上，他很有可能躲在被子里偷偷地哭。他可能批评自己，认为自己"愚蠢"。这样一来，他会给自己造成更多的情感伤害，并给他的自尊造成严重伤害。

所以，虽然詹姆斯先生真诚地想帮助儿子（还有可能包括他自己），但实际上，他却严重破坏了对这次失望情绪的治疗。他购买比赛门票的行为，实际上说明他混淆了安慰与补偿（我们在下一章会讲到）。更糟糕的是，他甚至不允许家人去挖掘和表达他们的情绪，这样

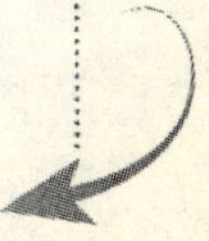

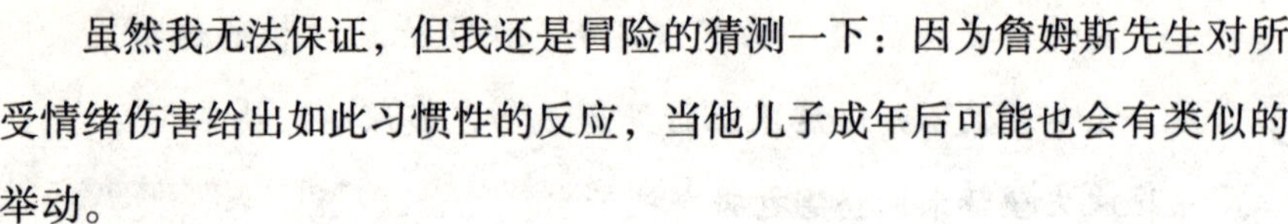

一来，别人提供的任何安慰将会毫无效果。

虽然我无法保证，但我还是冒险的猜测一下：因为詹姆斯先生对所受情绪伤害给出如此习惯性的反应，当他儿子成年后可能也会有类似的举动。

正确行动

首先，请完整地读完这一章！其次，你应该对什么是最有效的安慰，谁最能够提供这样的安慰，以及什么时候应当寻求和给予这样的安慰，有了一个很好的理解。然后，你需要思考以前所获得的安慰，是否属于那种能够治愈你的安慰类型。

“我看上去总是十分坚强，总是安慰别人。”

这么坦白的话，其实经常是人们的玩笑话，但是我的来访者几乎总是表现得如此“自信”，尤其是那些从事帮助、教导和监督别人职业的人，和那些花费大量时间去照顾孩子或上年纪亲属的女人们。他们经常能很好地安慰别人，但是，当他们自己寻求安慰时，实际上却十分困难。因为他们已经在自己的情感周围，建立了一堵长期存在的墙。当需要放下自己的防卫去展示伤口和需要时，他们会觉得害怕和荒谬。

有时，这种“过于猛烈”的行为，已经变成了人们的一种习惯，需要他们一步一步地、温和地挑战考验。当他们尝试性地寻求和接受安慰时，他们会发现周围的世界，并没有因此崩溃。

但是，有些人做不到，因为他们深信，如果向别人展示他们的弱势并寻求帮助，他们就冒着这样巨大的风险：要么失去工作，要么失去受

过他们帮助的人的信任与尊敬。这样的想法是没有任何基础的，虽然我必须承认，在一定的场合下这种想法被证明是对的。事实上，也确实有极少数人，当看到他们的“施助者”和代表着力量的偶像，处于悲痛状态时感觉到棘手。这意味着他们会漠视这样的事，无奈他们可能会感觉到多么的内疚。我和很多这样的来访者合作过，他们因为这样对待他们的父母而深感内疚。在他们度过了 40 岁生日之后，他们的内疚，仍在折磨着他们的自尊，仍在影响着他们的家庭关系。他们之中的大部分人，在青少年时期时，他们的父母就已经离异。我也和几个医生、一名警察合作过，他们因为向同事寻求安慰而对自己的事业造成了负面影响。

所以，如果这也是你所面临的问题，那么可能是有一些事实导致了你的退缩。但是，你能允许这些问题剥夺了你所需要的治疗过程，以及破坏你应得到的吗?

正确行动

首先，写下如果你不允许你自己接受安慰这个治疗过程的话，会冒什么样的风险。通过这个记录过程，你可以调动自己的积极性。然后你需要针对放下你的情绪护卫后造成的后果的情绪，制定一个“意外事件应对计划书”。根据你的具体情况，这个计划书可以仅仅勾画出，你对于你认为可能质疑或嘲笑你寻求安慰的行为的人的自我保护的反应，或写下当你觉得你的事业处在危险状况中时，其他可供选择的职业。它也应该包括你所记录下来的一些可供选择，寻找帮助的人的名字。当你的请求被拒绝之后，你可以从他们之中另外找人寻求帮助。

“我不知道谁愿意或谁能够帮助到我。”

这可能因为你是上面讨论过的某种人之一，也有可能因为你生活或工作在一个明显缺乏安慰的环境中。现在大城市的很多地区就是这样的，以下的因素是要负起大部分责任的：

◉长时间的高压工作，使人们没有精力或能量去在意“最好的”；

◉房屋和城市设计阻碍了邻居之间的交流；

◉多元文化主义使得人们混淆了该用什么样的方式，去针对性地关心有着不同背景的人，不知道为他们提供什么样的帮助是正确的。

如果你符合以上的情况，那么记住，人的善心是强大的，而且是无处不在的。它们可能只需要你轻轻地拉它们一下。当整个城市遭遇诸如在运输网上的爆炸这样的危机时，即使是我们这些生活在一个明显缺乏安慰的地区的人都十分理解这一点。这是一个很鼓舞人心的场面：当市民们真的需要安慰时，身边并不缺乏好心的陌生人伸出援手。相互关怀、相互同情和实质上的帮助，也能建立自然的持久友情。

正确行动

在墙上或是冰箱之类的你经常会留意的地方，贴上人们互相安慰时的照片。它会提醒你善心的存在。

然后，通过大声清晰的表达来证明你需要安慰，或用以下的方式寻求帮助：

◉首先准备好你要说的话，这样你可以用最简练的语句来说明你的请求（压力下的人们更容易回应言简意赅的消息）。

◉通过直接告诉那个你寻求帮助的人你希望他们怎么做，来让他们感觉到轻松（例如：给我一个拥抱、为我泡一杯茶或当我正在大哭时请在我旁边坐10分钟）。

◉反复练习你在请求对方帮助时所要说的话，这样一来你可以更自信地说出口，不会夹带任何令人不愉快的烦躁。（参看本章“你如何寻求安慰”，有关于如何自信地做到这一点的指导。）

“我会尴尬得做不了。”

请求他人帮助自己的话语听起来很愚蠢很令人尴尬吗？对大多数人来说确实如此，其中还包括了那些说出请求的话的人。他们经常将这样的话作为开场白：“我知道这听起来很愚蠢，但是……”

但是又是提前编入大脑中的信仰，或是情绪设计的反应，造成了人们这样的行为——而不是人们自己。

正确行动

希望你在表达阶段，对你的自动反应所做的工作，能够帮助你（参看上章“放下本书，立即练习：我的自动表达模式”）。再次阅读那一

部分。由于表达和安慰这两个阶段紧密联系，所以那部分内容，可以为你提供线索，告诉你可能在哪儿，以及为什么拾起在你脑海里中的旧信息：“你不应该为你自己需要安慰而感到羞耻。”然后，想想过去你安慰过的人，问问你自己：他们会不会也为寻求这样的帮助羞耻？你的答案大概是“不”。这样一来，以后这样的信息应该不再会对你造成困扰。

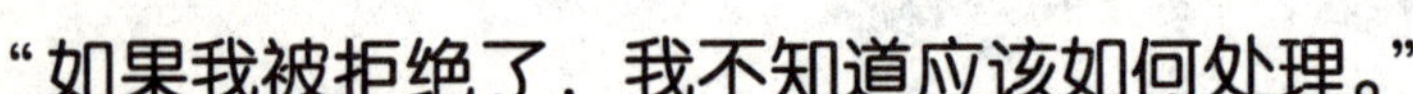

“如果我被拒绝了，我不知道应该如何处理。”

这实质上是一个自尊心的问题，它不涉及到你的处理方式，而是涉及到了你的情感。有着强自尊心的人，会“大步跨过”这样的拒绝经历。他们知道有很多原因，可能造成了人们的拒绝，而且在寻求帮助之前，就已经做好被拒绝的心理准备了。

正确行动

“小小地”尝试一次能提高你自尊心的行动。如果你仍然不知道如何做，那就稍微阅读一下我的《自尊圣经》（*Self - Esteem Bible*）并尝试按照那365条技巧中的1、2条来进行。

然后继续阅读这本书，你需要特别关注我在本章第三节“理想安慰者是谁”，那是我为理想安慰者给出的指导。接近你真正需要的那一类型的人，将会大大地减少被拒绝这样的事情的发生。

“我是一个非常孤僻的人。”

我得承认，事实可能是这样的。但是，在这样一句话中经常隐藏着一点傲慢。如果这句话是这么说的：“我很厉害，并且比其他大部分人都有更好的情绪韧性——我不需要依靠他人的帮助。我不会将我所受到的伤害，委托给其他任何一个人。”

同样的，这也指出了一个自尊的问题。如果你也这么想，那么不管你有着什么样的弱点，你可能还没有学会真正地去爱和尊重你自己。

正确行动

看看你钦佩的人是如何依赖别人的支持的，这样你可以好好地处理你的傲慢的感觉。我通过利用曼德拉（Mandela，南非第一任民选总统）的例子来处理过这个问题。像我一样，他是内向的，但是经常公开承认自己需要别人的安慰。

上面所提到的方法，同样可以处理你的自尊问题，这样你会逐渐拥有自信并确信你可以私下接受安慰。

“我不喜欢身体上的接触，尤其是当我沮丧时。”

如果你真的这样想，很好。正如你在后面会看到的我的建议一样，人们可以通过不进行任何身体接触的形式来给予安慰。但是，事实上，这样说的人经常内心里其实希望他们能够获得一个拥抱并享受它。如果

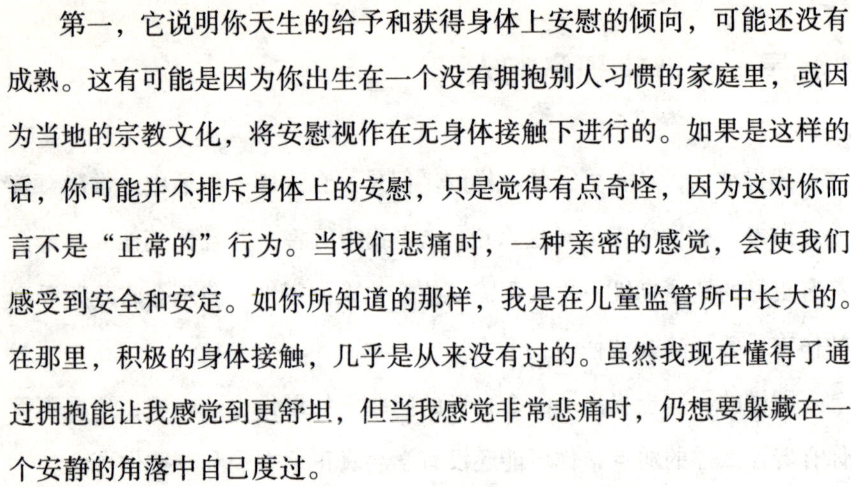

你有这种想法，你需要看看以下两个可能造成你的问题的原因。

第一，它说明你天生的给予和获得身体上安慰的倾向，可能还没有成熟。这有可能是因为你出生在一个没有拥抱别人习惯的家庭里，或因为当地的宗教文化，将安慰视作在无身体接触下进行的。如果是这样的话，你可能并不排斥身体上的安慰，只是觉得有点奇怪，因为这对你而言不是“正常的”行为。当我们悲痛时，一种亲密的感觉，会使我们感受到安全和安定。如你所知道的那样，我是在儿童监管所中长大的。在那里，积极的身体接触，几乎是从来没有过的。虽然我现在懂得了通过拥抱能让我感觉到更舒坦，但当我感觉非常悲痛时，仍想要躲藏在一个安静的角落中自己度过。

第二，对于很少一部分人来说，造成这个问题的原因是更为严重的。他们可能有过因为身体上接触，而遭受过生理上损伤的经历。例如，一些在童年时期被本应能够信任的人攻击或虐待过的人，会发现身体接触上的安慰，令他们难以接受。这是因为当我们悲痛时，我们经常感觉自己像是一个孩子，所以，如果此时有身体上的接触，我们的恐惧/撤退反应很有可能被唤醒。

> 有一个小女孩，在大约4岁时，开始强制性地推开任何尝试在她沮丧时给予身体上的安慰的人。在此之前，她是一个最喜欢搂搂抱抱的孩子，而且在只要她高兴别人都可以抱抱她。你可以想像当这样的事情发生后，她的母亲和其他任何想在她需要安慰时抱抱她的人是何等地失望。
>
> 六年之后，当因为另外一个问题而给这个小女孩进行检查时，一个儿科专家发现她曾被性虐待过，而且现在可能仍然被虐待着。经过集中的调查后发现，最有可能犯罪的人是她的父

亲，所以她停止了与他的接触，全家人搬去了一个新的地区生活，这样她能重新开始她的生活。逐渐地，她在与家人和女性朋友进行身体接触时变得放松了。但是当她开始与男性朋友交往时，问题又重新出现了。在一次与男友吵架之后，她与妈妈聊天时向她透漏了这件事情。她不明白为什么她会对她爱的人突然“变得冷淡”。她回想起当她这么做时，就像是一个孩子并且感觉很不好。所幸的是，她同意开始接受一些心理治疗。

因为这个女孩的问题，源自于她的童年时期的一次严重的虐待，所以她需要专业治疗。如果你认为你的问题，是因为对亲密的身体接触的信任损坏造成的，我建议你也去寻找专业帮助。同样，你也可以尝试进入一个好的自助组织，在那里你将遇到一些有着同样经历的人。另外，如果你同时需要安慰，不要忘记了，你可以在本章的最后，看到我列出的关于寻求安慰的方法的技巧。无身体接触的安慰，不是“第二好”的安慰方式，它只是在外在表现形式不同。最重要的究竟什么样的安慰方式对你有效，能够使你继续走下去。

如果你认为不利用身体接触的安慰方式，能更好地解决你问题发生的根源，那么试试以下的建议。

正确行动

开始试着与你亲密的人进行轻微的身体接触，你可以允许其他人拉住你的手臂或握住你手。然后，当你觉得这样的行为很正常，并能完全接受时，你可以试着让别人用手臂搂住你的肩膀。你可能需要向一些人解释，说你目前希望先不要获得拥抱。你可以通过自己做出一些身体接触来减轻你的抗拒感，比如，你可以在说谢谢时，紧紧握住对方的手。

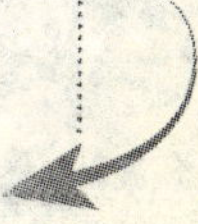

当你觉得自己已经准备好时，你可以开始请求别人按你需要的做，“你能扶我一下吗？我觉得有点站不稳了”。对于你来说，其实说出这句话比你想像中简单得多，因为你已经掌握了主动权，能够控制住你的感觉。

同时，看看以下关于通过其他方式获得安慰的建议。毕竟，如果只要有一种能让你感觉到放松的方式，你就不应该认为自己是无法被治愈的。

“还有很多人比我更需要安慰。”

确实有很多人有这样的想法。你的问题一部分是因为你缺乏自尊，一部分是因为一种不理性的想法而认为“别人能够提供的安慰是有限的”。我们已经处理过自尊的问题了，现在让我们来处理后者。

产生这种不理性的想法的一个原因，是源于你的早期经历。可能当你成长时，你处在需要安慰者的“候选名单”的最后一个。这经常发生在家庭中——即使当父母认为它们是为了公平。一些孩子（尤其是外向的）更会抓住父母的注意力，更需要父母费心；一些孩子（比如有问题的孩子）更需要安慰，因为他们经常被伤害；一些孩子（尤其是内向的）只能获得很少关注；一些孩子当然受到众人的喜爱。

另外一个原因是因为你的父母（或其他你希望从对方那获得安慰的人），不停地让你明白有很多人比你的情况更差。你可能有过多次以下这样的对话：

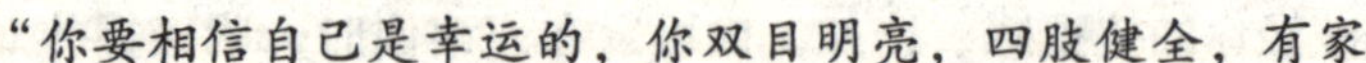
“你要相信自己是幸运的，你双目明亮，四肢健全，有家

可归，而有些人跟你恰恰完全相反。”

“约翰在他受伤之后并不经常跑来找我……他的情况比你严重的多吧？”

“记得那些我们昨晚在电视上看到的在伊拉克孤儿院的孩子们吗？他们是多么地勇敢，无论面对任何事情都保持着微笑。”

“好吧，你觉得不满意是因为你这次没有成为最好的。但是想想那些因为不够聪明而从来没有在任何事情上成为最好的人吧。”

有时候，类似的信息并不是如此直接被传递的，人们可能正确地或错误地从其他人的行为或环境中获知它们。比如，我的一个来访者的父母，是在非洲的传教中心担任医生一职的。她回忆说，她的父母从来没有说过这样的话，她也确信他们不会这么做。但是我们最后总结出，她之所以认为自己不应当获得安慰的原因，正是因为她的父母并不经常与她对话，他们在家庭贫困时依旧无私地全身心投入工作。而当她遭遇一些小的伤害，例如当地孩子不公止地带着恶意评论她的丰富多彩的、相对优越的生活方式时，他们没有安慰她（因为当时他们正在做重要的工作）。

由这位来访者的故事，我回想起自己一个令我不舒服的故事。我可以生动地回想起当我的女儿劳拉 15 岁时，她曾因为这个问题而对着我尖叫。她告诉我，我一点都不关心她所面临的问题。而我当时并不认为她跟我的来访者所遭遇的那些一样严重。我是一个事业型的母亲，因为一方面我联想到自己的童年，另一方面我在我的职业训练中又获得了关于儿童心理的理解，所以我十分努力地去教育我的孩子，希望他们能够

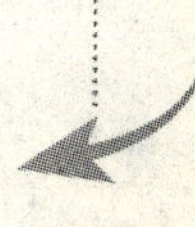

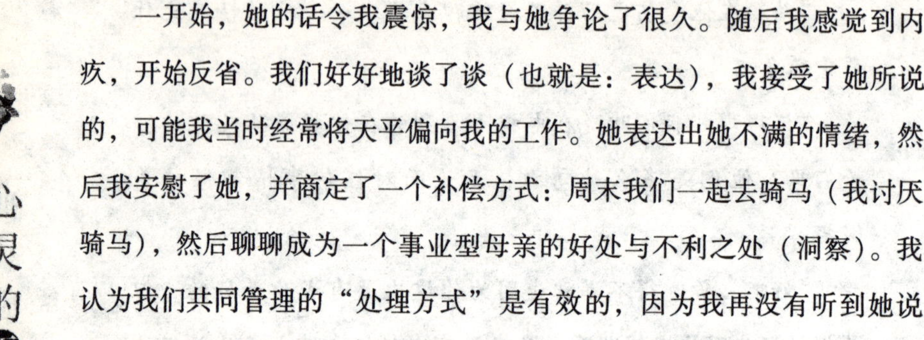

感觉到他们和他们的需要在我的生命中占优先地位。

一开始，她的话令我震惊，我与她争论了很久。随后我感觉到内疚，开始反省。我们好好地谈了谈（也就是：表达），我接受了她所说的，可能我当时经常将天平偏向我的工作。她表达出她不满的情绪，然后我安慰了她，并商定了一个补偿方式：周末我们一起去骑马（我讨厌骑马），然后聊聊成为一个事业型母亲的好处与不利之处（洞察）。我认为我们共同管理的“处理方式”是有效的，因为我再没有听到她说过任何像这样的评论，而且她也想成为一个事业型母亲了。

我在这里分享这个故事是希望说明，即使你没有在圣人的阴影之下，这种关于安慰的毁灭性的看法也是会存在的。可能如果那个传教医生的女儿拥有足够的自信（或大胆地），去与她的父母讲清楚，这样的看法将不会再存在于她的潜意识之中。她也可能因此会获得她伤口应得的安慰时，感觉到少一些内疚。

正确行动

如果你相信你的问题产生的原因与我所说的第一种情况相似，只要做一些简单的、预先程序化的信念就足够了。

把下面三个与我的例子类似的陈述句组合起来，然后用它们去确定你一直否定自己应有的权利。

◉我有着和其他人一样的能够获得他人安慰的权利。

◉我有权利去治愈我的情绪伤口。

◉我越有情感韧性，我越能帮助那些有需要的人。

在一张卡片上写下这些话，把它放在你平时能经常看到的地方。如果你是一个很擅长使用计算机的人，那么就为这一信息建立一个窗口。每天大声地读两次这些话，坚持一个月。

如果你认为你的问题的根源，可能是因为过去的情绪伤痛的残余物，你可以与一个理解你但没有那样过激看法的朋友一起进行探索和表达。强迫自己这么做之后，你就相当于给自己注入了一针“安慰”！

“我是一个男人，和你们女人不同。”

可能确实如此，但是我们可能不像你想像的那样，存在完整的不同。当涉及安慰时，事情变化了。当我二十年前在英国做关于男人如何治愈伤口的研究时，我发现男人和女人之间有很大的不同。女人需要与人们互动，从而获得对方的安慰：她们通过获得他人表达自己感同身受的话语和同情的拥抱来获得安慰。在一次情绪伤害之后，男人更倾向于去解决问题或采取一些行动：对他们来说，成就是最好的安慰方式。他们说这样就能够忘记这次伤害并感觉更加安定。（有趣的是，获取成就可能是他们想要的身体接触上的安慰的一种潜意识的方式。毕竟它鼓励了人们之间的接触，比如握手、拍拍背、挽着肩膀甚至是拥抱。）

近期美国的一个研究结果表明，虽然男人经常能够提供更多的建议，而女人更有可能通过巩固她们的关系或提供帮助来提供支持，男人和女人在管理、给予和获得支持的方式上只有轻微的差别。

虽然可能这两个研究结论的不同在一定程度上是由当地文化差异造成的，但是通过我的经验和观察，我认为目前男人正有着更加公开地寻找安慰和给予他人安慰的增长趋势。

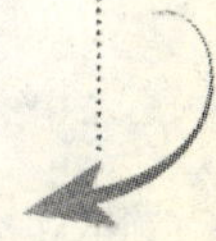

现在我希望能够打破你可能反对安慰的争论，让我们将我们的注意力转移到如何才能确保你将会接受安慰。

安慰有很多方式

各种各样的人，以各种各样的方式，安慰自己或他人，它有时甚至来自于那些你不认识的人。我收到过很多读者在知道我的努力和遭受过的苦难之后寄来的安慰我的信件，很多参加了我的讲座听完我的故事的陌生人，也表现出了他们的同情，与我亲切地握手、拥抱。女儿劳拉死后，我所居住的西班牙地区的一位牧师，为她召集了很多人。因为我们不是天主教徒，也没有去过教堂，这对于我们来说是极大的荣誉。当地的传统是召集所有人，都会将他们的安慰送给那个丧亲之人。我现在仍然能够回想起我获得了几百个我之前从来没有遇到过的人的拥抱，感受到了安慰的温暖。这对我当时的情感伤痛起了极大的治疗作用。

有时，通过简单的几分钟的安静相处，也能给予或获得安慰。我们一般为纪念那些死去的有名的公众人物默哀，这样的行为，也给那些仍在悲痛的人带去了安慰。在一个稍小些更加亲密的范围中，我们可以从那些因为与我们的情感产生了共鸣，而震惊到说不出话变得迟钝的人那获取安慰。尼尔森·曼德拉（Nelson Mandela）在他的自传《获得自由的长征》（*Long Walk To Freedom*）中，非常感动地说起他的一位朋友是如何安慰他的。听说了曼德拉的儿子因为一场摩托车意外突然死亡的消息后，他的朋友仅仅紧紧地握住了他的手，什么话都没有多说。

虽然这类安慰方式极好而且受欢迎，但还有很多其他治疗方式。这些方式来自于某些刚好能够在特定的时间里，针对你的某一个特定的伤痛，而给予你安慰的那类人。以下是一份清单，上面罗列了一个“理想安慰者”可能展示出来的主要特征。

理想安慰者是谁

一个理想安慰者是一个这样的人：

◉真的关心你和你的幸福。

◉能够和你交流他们的同情之情和共鸣。他们可能通过言语或行动来这么做；或仅仅通过他们的肢体语言告诉你，当你被伤害了时，他们是真的感觉到心烦。

◉能够准确地与你的感觉保持“一致”。即使他们从来没有过这样的经历，或虽然有过这样的经历，却是以不同的方式予以回应的。他们能够坚定地说，“我知道当你失去心爱的人/失望了/被不公正地剥夺/不公平地责备时的感受”，等等。

◉能够理解并接受你的情绪。你可能不会听到他们这么说，比如，“你不应该感觉到伤心，你应该高兴；你不应该生气，他们只是在完成他们的工作”。

◉能够不因自己的主观想法，对你的做法进行评论。即使他们内心里认为你犯了错或是应该被责备，他们也应该能够克制住自己，在给予你安慰时不会说“我早告诉过你”和“你是你自己最差的敌人”

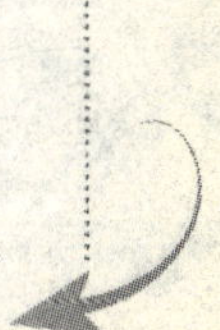

（但是要记住，当你在达到洞察阶段时，这样的话是有用的）。

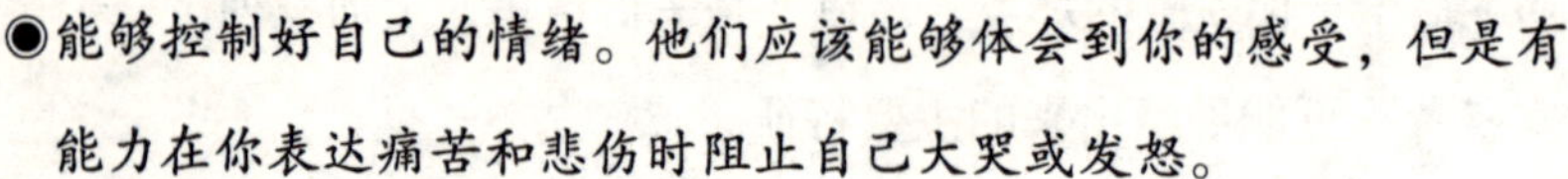

◉能够控制好自己的情绪。他们应该能够体会到你的感受，但是有能力在你表达痛苦和悲伤时阻止自己大哭或发怒。

◉能够在给予你安慰时做一名很好的倾听者，而不需要将他们的经历和建议告诉你（我再一次说明，他们在后面的阶段里可以这么做）。

◉尊重你想要的身体接触上的安慰。如果你不需要——即使他们可能有想要这么做的冲动（并认为这么做能够帮到你），他们也不会坚持说要拥抱你。

◉当他们不能或是不想帮助你时，他们肯定能够让你感觉到他们将会说“不”。

◉愿意随着你治疗过程的发展继续支持你。

◉是那种如果他们需要安慰，你很乐意安慰他们的人。

◉不会希望他们的善意被你视作一笔需要偿还的债务。

◉能够为因帮助你而可能给自己生活所带来的影响负责。所以，你可能听到他们说，“不要担心时间，我以后能弥补的/不要挂念他，我能够处理他的情绪/任何时间都可以打电话给我，我可以一整天不睡觉地陪着你”。

◉有足够为你提供你所需安慰的身体上的和情绪上的能量；

◉当你处在一个脆弱的状态时，只要需要帮助，他们能够并愿意立即采取行动来保护你。（理想情况下，他们会在获得你的许可后这么做。但是有时情感伤害使得人们过于沮丧了，受伤害的人可

能无法发现自己需要来自自己或他人的保护。)

很明显，上述清单即便是对那些最好的，能时刻不辜负他人信任的安慰者而言，也是一个挑战。所以，记住将这个清单作为一个指导来使用，优秀的人经常比完美的圣人更好相处。以下的练习将会帮助你去判断，你从几个人处获得安慰是否比从一个人处获得要好。

放下本书，立即练习

◉想想某个你认识，并认为他能安慰你的人。利用理想安慰者的特征去判定他们是否具备罗列出来的性格特征（只有很少人能够完全符合这张清单）。

◉利用这张清单去判定那些可能或者能够帮助到你的其他人。多个安慰者比一个安慰者更能覆盖这张清单中的大部分特征。

你如何寻求安慰

正如我们已经讨论过的那样，很多人因为忙碌、压力大或太害羞，以至于他们不能自然地安慰别人。但是，如果他人主动寻求他们的安慰，并允许他们说“不”，他们经常会很高兴地帮助他人。下面是一些将会给你以指导的例子。

◉达林，一个刚刚获得律师资格的律师，在一场重要的案子中失败了。他把这件事告诉了所有的同事，并向他的妻子表达了他的不

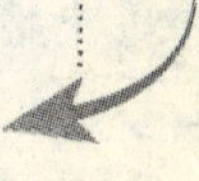

满情绪。但是，他只选择打电话给他一位叫做约翰的老朋友寻求帮助。

“约翰，你知道我几个月以前告诉过你的那个案子吗？我们最终败了。这在某种程度上减轻了我的压力，但是实际上我十分伤心，这令我想起我们一起处理案子的那段时光。我想问问，你是否有时间和我一起喝点酒谈谈这件事情。我最近在家对珍妮提高了说话声音，这确实帮助我表达了一些不满情绪。她人太好了，但是我现在需要的是和你出去聊一个晚上。我不着急，我已经熬过最惨的那段时间了，所以如果你忙的话我可以等。”

◉安琪正在跟着一位咨询师进行个人发展方面的学习，他们正在回顾她童年时期一些导致了她深埋的伤口的事件。因为她需要一些额外的安慰，所以她打电话给她的朋友芭比丝。

“芭比丝，你知道我正在参加这类的学习吧，其实我仍因为当时父母的分开感到十分沮丧。我和我的咨询师合作得很好，但是我想要与你聊聊天，因为我知道你能够理解我的感受。我现在很好，只是现在需要一点支持。我们能找个时间一起吃一顿午餐吗？如果你没有时间的话，请一定要告诉我。我知道你很忙，而且现在还要处理杰米的事情。如果真不行的话，我可以打电话问问其他人，我们以后也还是可以经常见面的。”

◉戴斯收到他太太律师的法律文书。他本来认为，他在离婚这件事情上感觉还是过得去的，但是当看到这份法律文件时，他感觉他的血液再次沸腾了。他和他自己那位优秀的律师谈论过这个问题，他通过玩了几个游戏表达了一部份情绪。

现在他感觉他需要离开伦敦几天，去寻找一丝安定。他喜欢的姨母和姨夫居住在多西特市的某个乡村小镇，而他们也经常邀请他去玩，所以他给他们打了个电话。

“你好，比尔姨父。我知道之前发生了很多事情。你们现在怎么样了？其实我没有说实话。我希望你已经从妈妈和爸爸那里听说了吉儿要跟我离婚的事情。刚开始，我确实感觉非常不好，并且不愿意见任何人，我现在已经基本上好了。但是我不得不处理那份起诉书，它令我震惊了，我想去你那边的大海边度过一个假日。我能在下个月的某个周末过去吗？我完全不想谈论那件事情，我只需要一些平静，我知道我在你那里能获得这样的感觉。我憧憬着从我的渔具上“掸”下灰尘，所以我希望我们能够一起去港口一趟。我真的很享受钓鱼这项活动，但是如果这对你来说不是合适的时间的话，麻烦告诉我。我可以选择周末去湖边，但是如果你有空，与你和艾伦姨母一起度过几天，真的是个很棒的主意。”

优雅地接受“不完美的安慰”

这是我不得不学习的课程，这也是我不得不教给很多人的课程。不仅仅是那些需要安慰的人有心理或情绪问题，很多安慰别人的人也有！这意味着无论他们多么敏感，无论他们是什么类型的人，他们都可能会压制他们同情别人的强烈欲望，当他们试图给予别人安慰时容易说错了话、刺激或冒犯了别人。你可能已经经历过这样的事情了，通常情况下，总是在我们被伤害后，需要安慰时这些问题和烦恼才显得如此

明显。

给予他人安慰实际上是一种自然反应。当我们发现某个人被伤害了后，我们人类会自动地采取同情反应——这种反应最能够引发眼泪。其他的肢体语言也会出现，比如将头埋在双手中，或是绝望地尖叫。但是，这种反应会对我们感受他人情绪的能力造成影响。很多人对他们自己的眼泪或怒火，总是感觉到不舒服。这意味着他们可能因此选择进入了情绪关闭模式，显出无动于衷甚至是心不在焉。因为他们已经关闭了他们的“情绪天线”，他们不再拥有能够感受到所需的工具，他们因此而无法理解那些表明他们正在错误地安慰别人的非语言信息。

其他人可能自己需要倾诉，因为你的经历引发了他们自己的一段痛苦回忆，所以他们无法控制住自己向你倾诉他们悲伤故事的行为。你可能发现，这样的安慰方式一开始是好的，但是分享他们的故事，是你在这个阶段最不需要的事情，你很快就被激怒了，并且将你的愤怒表现在了脸上。在你治疗的稍后阶段，与这样的人分享经历，对双方都是有益的，但是现在这样的行为，是起反作用的。我听到过并收到过在这样的事件之后，很多来自不合适的安慰者的道歉。最近，一个来访者告诉我一个儿子与多年分离的父亲和好的感人故事。因为家人对于他的失望情绪，给出了非常不舒服的反应，那个儿子开始疏远他的家人。随着聊天，他们发现，很明显的是他的父亲过于关心儿子的失望情绪。但是在当时的情况下，他表现得过激了。

类似的，去年我收到过一封来自劳拉同学的邮件。她很郑重地道歉，因为在十年前她没有参加葬礼，而只是寄了一张卡片。她说劳拉对她来说是那么地特别，总是带给她灵感。她无法接受劳拉已经死亡的事实，所以不愿意面对自己的悲伤。她的邮件给予了我一些安慰，我一直以来都愿意接受这样的额外安慰。这也促使我更加关心“不合格”的安慰者，从而写下了这一部分的内容。

或许你现在能够同情并理解那些“不合格”的安慰者，但当你受伤害后需要安慰时，你会如何处理这些普遍的问题？

首先，如果其他人给予你的安慰不是你所需要的，试着不要感觉到被冒犯了。在这种时候你会经常听到人们说：“这使我明白谁才是我真正的朋友。”我相信在悲痛时产生的对朋友或亲戚的失望情绪，是由我刚才强调的那种问题造成的。这并不意味着你有责任为他们解决这样的问题——即使他们是你最亲近的、最心爱的人。你所需要做的是优雅地接受他们的安慰。你可能不需要10个蛋糕或不想要一个僵硬的热情的拥抱，但是你可以将自己的注意力，放在这些笨拙的行动或刺耳的话语背后的真情上，并向他们表达你的感激。注意，你光这么做就足够了，不需要做太多事情，也不需要在这些人身上花费太多的时间和精力，因为他们无法为你提供你真正需要的那种合适的安慰。

当你觉得别人的安慰已经“足够了”时，你必须坚定地说出来。我知道这看上去很难做到，但是记住没有不可能的事情！最好的方法是说出一段练习好了的话或请求，比如：

“我非常感谢你能够打电话来/能够来看我。但是我现在想要安静/想自己一个人单独呆着/必须跟其他一些人聊一聊，所以我现在必须向你告别。”

其次，好的方式是撒一个善意的谎。这实际上更加地冒险，但这么做是有正当理由的，尤其是当人们面对格外的厚脸皮，或会扰乱别人情绪的安慰者。如果你打算利用这种方式，注意要先确保你的故事是简单的，这样你才不会漏出马脚，你身边的人才会支持你的虚构的理由。

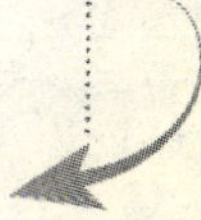

自我安慰有技巧

我经常发现，当我问及来访者有关安慰的自我教育方式或对待方式的例子时，他们总是感觉到大脑一片空白，无法回答我。以下是一些简单的建议，它们能够确保你不会找理由说因为缺乏想法、时间或金钱而中止治疗。只是请记住，关于你的自我安慰最好的想法，是源于你自己的。

◉为你自己准备一顿喜爱的饭。传统的“妈妈下厨”型或“托儿所”型的饭菜，经常比复杂的餐饮更加起作用。

◉给你自己一份美味的、使人清爽的饮料，最好选择有营养的那种。因为你的情绪依然很不稳定，所以当你想喝酒时你需要特别注意。这样的饮料经常是会使人脱水的，所以你可能觉得在进入表达阶段时你失去了大部分的水分。

◉奢侈地长时间地浸泡在散发着芳香的浴缸中。

◉给自己一段平常不曾有过的享受时间来阅读一本小说、看一本杂志或是听听你自己喜欢的音乐，让自己沉溺其中。

◉一个人去看一场展览、去一趟画廊或去一个花园，你知道自己能从其中发现令人振奋的美景，你从来没有在这些地方玩够。

◉买一场表演、音乐会或球类运动的入场票，这些地方是你在其他情况下不会去的。

◉为自己挑选或购买一束花。

◉去一个你将会感觉到平静的地方游玩。

◉在一家安静的旅馆住宿或随旅行团度过一次短暂的旅行。

安慰箴言

安慰的目的是允许你自己因为被另一个人的或你自己的关心和关注，而变得心情平静。记住：

◉你可能首先需要解决自己是否愿意接受这类帮助的心理或情绪的问题。

◉你必须仔细选择安慰你的人。

◉你必须准备好了请求别人安慰的话，并做好被拒绝的心理准备。

◉如果别人慷慨地给予而你优雅地接受，那么，不完美的安慰也是可以治疗你的伤痛的。

◉自我管理的安慰，并不是一定要消耗掉你的银行存款余额，它只是需要一定的时间。

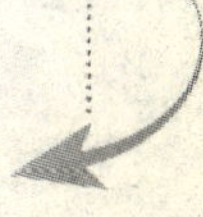

第六章

第四种心灵神秘力量：补偿

Compensation

补偿是一种极其有力的神秘力量，它可以确保我们能够因为遭受伤害而获得一些令人满意的补偿。它们可以完全不同，因为每一个情绪的伤害，有着它适合自己的补偿的形式。如果从情绪治疗的角度来考虑的话，这种补偿必须与以下因素有关：

◉疼痛的程度及其所造成的伤害；

◉伤口所引发的情绪的种类；

◉可能造成的任何事物缺乏；

◉我们有限的可供选择的事物以及我们的偏爱。

稍后我会给你一些有关补偿的实际例子。在这些例子中有处理极小的失望情绪的方式，也有为了严重的童年时期创伤而设计的长期的项目。最终你将会判断出哪种方式对你有效。

虽然这个阶段听上去很吸引人，我深知它现在并不是你会优先考虑的事情。如果你已经完成了我们前面三个治疗阶段，你应该感觉到自己身心更加的积极与精力充沛。现在，你可能更加希望能放下“焦虑”并继续过你的生活。你可能已经将很多任务放在了次要的位置上，因为当我们受到伤害时，日常工作经常被推后。但是试着记住，尽管你的治疗过程可能结束了，你的伤口仍然是脆弱的，它可能不再会给你带来大的伤痛，但还有可能反弹。另一个情绪冲击可能很容易就使得这个伤口重新裂开，因为此时你在情感上仍然是十分脆弱的，你很有可能比平时更加易于做出一些不明智的决定或是犯一些错误。以下瑞贝卡的故事是

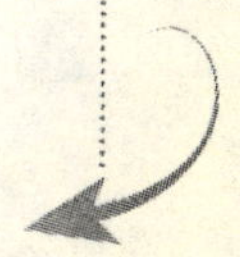

一个最典型的例子。

瑞贝卡的故事

当瑞贝卡30多岁时她发现丈夫有赌瘾。当时她的儿子还很小，女儿即将进入青春期。她还发现她丈夫偷偷地欠下了一笔很大的债务，这对整个家庭造成了毁灭性的影响。他们不得不出售了房子，将他们的孩子送到了他们新家附近的私立学校。他们的婚姻也逐渐变得无法支撑了，因为瑞贝卡对她的丈夫完全失望了。她在情绪治疗的前三个阶段里遇到并克服了一些小困难。她交了很多朋友，都是那些支持着她度过这些治疗难关的好人，他们还帮助她以一个赤贫的单身母亲的身份重新开始生活。但是，他们错误地认为在过了6个月之后，瑞贝卡已经准备好寻找一个有钱的新的伴侣！所以他们聚集到一起，送给她昂贵的“晚餐介绍服务”的会员资格。

他们的慷慨大方起了作用，在一个月内，瑞贝卡开始了一段新的感情。几个月之后，她和她的孩子与那个男人和他的女儿住在了他的大房子里，生活在一起。一开始大家都很高兴，但是一年之后这段感情便破裂了，瑞贝卡又陷入了绝望的状态。幸运的是，一位老师发现了瑞贝卡的女儿艾妹举止上的变化，包括她经常不去上学的情况。在与瑞贝卡聊过这个问题之后，那位老师发现，因为瑞贝卡非常沮丧，没有精力、也不想与艾妹为一些所谓的导致她无法去学校的小毛病吵架。

那位老师告诉瑞贝卡（而不是艾妹）说她需要帮助，并建议她去寻找一些咨询师。在她与我一起学习时，她承认说，在她与其他人约会之前，她并没有完全从她丈夫的欺骗所造成的伤痛中完全痊愈，而这个伤痛到现在还一直影响着她。她相信这导致她对于新伴侣有着过度的感激，感激他将她从经济困难和单身母亲的状态中“拯救”出来。这种在关系上的不平衡的力量，使得她在关于她孩子的照顾和惩罚的争论上不断地妥协。显而易见的是，她现在开始用同样的方式对待她的女儿艾妹。

瑞贝卡轻率地从治疗的安慰阶段，跳至与一个男人开始一段新的感情的情况，并不是罕见的。可能你自己就已经见过这样的事情。

你可能看见过在这个治疗阶段的另外一种常见的错误。一旦他们开始重新获得他们的力量和拥有能量的感觉后，很多人便开始将他们的注意力转移到获得负面补偿上去。

负面补偿并不好

以下是两种我们需要关注的主要的负面补偿类型：公正的惩罚和报复。

公正的惩罚

追求以牙还牙、血债血还，可能是你感觉到无可非议的一种方式，是令你满意的方式。但是，它真的可能令人完全满意吗？比如：

◉对于一个不仅抢了你的财物，还损害了你的个人安全感的小偷而言，那一笔很重的罚金看上去并不算是足够的惩罚。

◉对于一个造成他人身体上或情感上残缺的暴力攻击者或喝醉了的司机而言，那一份入狱的判决，并不算是对他人足够的补偿。

◉对于忙着无情地“重组”的公司而言，那一笔工资支出，对于被裁员的员工而言，并不算是足够的补偿。

◉对于失去家人和对他人的信任的人而言，那一笔丰厚的离婚“损失费”，常常看上去并不算是足够的补偿。

◉对于愤怒的父母而言，仅仅解雇那名凌辱或虐待自己孩子、导致他们瘫痪的决定，并不能使人满足。

◉对于由于你的自私而破坏的与你真正爱的并尊敬的人的关系的事实而言，那一辈子的自责，不会治愈你心中的悔恨之情。

可能这些都是一些比较极端的例子，但是我希望它们能够证明，这些惩罚（可能有人认为是公正的），在那些被伤害了的人眼中，可能并不是这样子的。

甚至当公正的惩罚确实看上去是能实现的时候，考虑到能量和财政的问题，我们会发现获得它是需要付出很高的代价的。如果你的运转能力正处在标准之下，它更不会是一个可以被有效地完成的任务。在你情绪治疗的这个阶段里，你可能还未完全恢复正常情况下，你所拥有的能量以及大脑运转能力，还不足以支撑你去完成那个任务。如果你仍然想采取这样的行动，那么最好在你完成情绪治疗之后。

如果你必须立即采取行动（比如去抓住一名罪犯或去保护其他

人)，那么试着在你治愈之前，将这个任务交给他人。寻找专业代理的服务，或寻求某个有相似经历的人的帮助，是不错的主意。后者应该是自己本身就已经治愈了的，但仍有着伤痛的记忆的人，这样他们才能与你产生共鸣。如果你找不到这样的人，你可能不得不自己采取行动。如果真是这样的话，不要欺骗自己说，因为已经完成申张正义的任务了，所以自己不再需要情绪治疗，而需要确定你也获得了满足你的心理需要的那种正面安慰。

报复

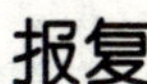

当我们的情感受到伤害时，我们会有一种对于报复的热切渴望，这是可以理解的。在网络上的一次快速调查表明，这种需求也有好的作用。越来越多的公司现在已经准备好并愿意帮助情感上受伤的人来满足这种最初的反应，你可以以优惠的价格获得以下服务：

◉送一束枯萎的花给抛弃你的前妻、前夫，或你的情人；

◉发一份令人苦恼的匿名垃圾邮件给你那仗势欺人的老板；

◉将虾缝入“令人厌恶”（可能他们很粗鲁、很漫不经心）的一家客户服务公司的窗帘中；

◉将一份虚假的违规停车罚单，快递给一个令你失望的朋友。

这些业务是靠保证令你感觉到愉快和满意来引诱你的。但是在我看来，他们错误地在“报复是美好的”的这一假设的基础上进行交易。

可能他们能够立刻为你提供满足感，但是这种“良好”感觉，不仅仅只能持续很短时间，还会让你感觉到苦涩。

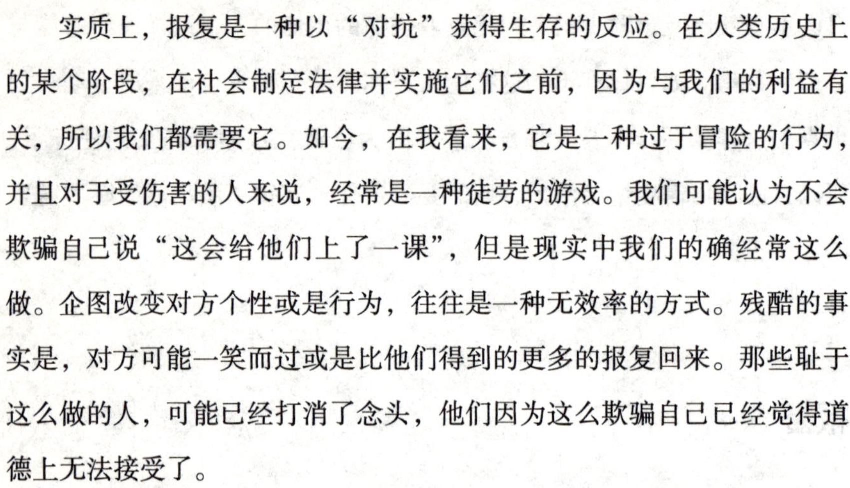

实质上，报复是一种以“对抗”获得生存的反应。在人类历史上的某个阶段，在社会制定法律并实施它们之前，因为与我们的利益有关，所以我们都需要它。如今，在我看来，它是一种过于冒险的行为，并且对于受伤害的人来说，经常是一种徒劳的游戏。我们可能认为不会欺骗自己说“这会给他们上了一课”，但是现实中我们的确经常这么做。企图改变对方个性或是行为，往往是一种无效率的方式。残酷的事实是，对方可能一笑而过或是比他们得到的更多的报复回来。那些耻于这么做的人，可能已经打消了念头，他们因为这么欺骗自己已经觉得道德上无法接受了。

另一个为什么报复不会起到补偿作用的原因，是它削弱了我们的自尊。只有精神紊乱的虐待狂者，才会在故意伤害或是另他人尴尬之后感觉到自尊提升了，即使这种报复看上去是对方应得的。大部分通情达理的人，事后都会因为自己采取了报复行动而后悔。如果在康复过程实施完毕前采取报复行为，他们就不会再感觉到羞愧或有罪，即便正如所有报复行为所表现出的“太过分”现象，他们相信换作其他人他们也会这么做。如果我们想要积极地、有效地继续生活，我们必须保卫而不是损耗我们的自尊。

想像报复最好

如果在听到这些对于报复的否定之后，你仍然感觉到对它的强烈渴望，这对你来说也是一个好消息！通过沉溺于幻想中的报复，你可以获得很大的成就感，并能在这个过程中获得治疗。因为你现在应该拥有了足够的情绪控制能力，这样的话，你可以让你的想像力，安全地狂奔一阵，并获得一些快乐。

想像中的报复怎么样才能使令人满意？方法非常简单，它与正面的、可见的工作的原理相同。因为我们的情绪系统，没有区分一件事情到底是发生在我们的脑海中的，还是发生在现实生活中的能力，它只会对于这两类事件都产生了同样的生理学反应。所以我们在想像中报复，或是在现实生活中报复时，我们都获得了相同的令人愉悦的满足感——而在想像中的报复，是没有任何风险的。

可能不是每个人都对想像中的报复这种行为感兴趣或需要这种方式。但是，实际上它们确实帮助了一些人去更好的生活（包括了我自己），所以如果你想要试一试的话，以下是一些你可能感兴趣的技巧。

沉溺于想像中报复的预备技巧

◉不要抑制你的想像力，你的想像越是荒谬和不现实，你可能越觉得满足。比如，我曾经想像过有一面非常大的旗帜，在市政府门口飘舞，上面写着某个人的“罪恶”，有这样一群异常吃惊的人们在围观（……当然，他们在这本书中是匿名的）。

◉试着绘制出你想像中的景象，然后采取行动，比如将油漆泼洒到这幅画上，或是撕毁它并隆重地烧掉它。

◉写一篇短小的文章，关于那个人或是那件事情，他们正在接受他们“应受的惩罚”。然后在你的脑海里将这个过程想像成一部电影，并以一副让你满意的画面作为结尾。我向你保证，像“超人”和007詹姆斯·邦德之类的童话故事和系列电影，需要将它们持久的受欢迎归功于他们那可供想像的结尾。

◉邀请一位好朋友加入你的想像练习，这会是有趣的，同时也能给你一些额外的安慰。这也是一种安全措施，你的一个好朋友，将能够在你过分沉溺于保护时阻止你，并将你引导回你目前需要的更加重要的治疗工作中去。当孩子因为想像着报复而开始毁掉一个昂贵的娃娃，或是伤害比其年幼的兄弟姐妹时，一个好的家长也能够起这样的作用。

一旦你完成了你的想像练习，希望你将会更加主动地去寻找对你来说真正适用的补偿治疗方式。所以，让我们现在看看你可能如何去做。

补偿的八个榜样

如今补偿经常与那个因伤害了你而感到内疚的人提供的金钱补偿联系到一起。事实上，人们频繁地、下意识地采取这样的行动，导致了一种术语的产生："补偿文化"。虽然获得金钱上的补偿，可以治疗你的情绪，但它并不是我们为了治疗情绪而使用的最普遍的方式。即便是获得了金钱，它的主要贡献还是为其他更加令人满意的补偿方式奠定了基础。

但是即便是当金钱上的补偿成为可能，你也有可能会发现你并不想要。我的一次经历便是这种现象的一个典型例子。

因为一次手术的护理和治疗中的错误，我病得很厉害，在此后的几个月里还需要完成6次手术。这使我在精神上和身体上遭受了很多的创伤。我居住在一个远离家的地方，在那里我没有任何朋友。我无法工作，不得不取消了很多计划，包括一次等待了很久的莫斯科的工作旅行和写这本书。由于我状态虚弱并在服用药物，我甚至不能清晰地思考，而且我发现我甚至无法作出小决定。大部分时间，我都在依靠别人来完成日常任务，渐渐地我开始觉得无力，觉得自己无用。我曾一度情绪低落，使我的家人更加关注于我的情绪健康，而不是我那相对恢复得挺好的身体。

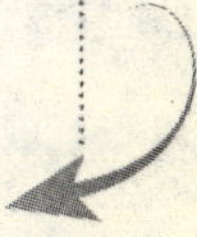

有趣的是，几乎每一个听到这个故事的人，都跟我讨论我应该申请金钱上的补偿。但是，虽然我花了很多钱，我从来没有想过要去寻求这种补偿。（其中一个原因是因为我知道治疗我的人员，已经为他们的错误负了责，他们拼命地想要弥补它。你将会看到我的故事的这个方面与第九章——宽恕。）

然而，当我事后检查自己的行为时，我发现一旦我进入安慰阶段（我将不再哭泣，并开始享受温柔的体贴），我自动地开始给予自己我所真正想要的补偿。在再次投入工作之前，我觉得我需要提高我的“士气”，干一些能够使我更加积极地展望未来的事情。所以我答应自己将会抽出时间挤出能量来，去西班牙和英格兰找新房子。尽管在搬家的过程中遇到了很多令人沮丧的阻碍，这项工作在我情绪治疗方面产生了奇妙的作用。这次令人激动的改变，使我摆脱了沮丧状态，帮助我进入洞察阶段。

正是这个特别的补偿起了作用，它解决了那次创伤中最伤害我的几个问题。在此之前我一直处于一种无力的悲观的状态，最让我感觉到害怕和悲痛的是，它使我重新进入了四十年前企图自杀时的状态。

很多朋友坚持认为我十分疯狂，因为我在那次痛苦的经历过后，忙于这样一个困难的项目。但是我相信我行走在对我来说正确的道路上，虽然我当时没有意识到我在做的事情，实际上是一种补偿。因为我对于情感治疗的这个游戏特别熟练，我的“自动驾驶仪”选择并管理着这个完美的治疗过程。

在你也变得如此熟练之前，你将可能需要设计最适合你的补偿，并且也是你最需要的安慰的形式。当我在帮助别人这么做时，我发现去思考如何弥补你的伤痛给你造成的不足，也是很有帮助的。每一个人所残留的不足区域，都不完全相同。如同你在我下面的例子中看到的那样，当你的伤口非常大时，可能只有相当一小部分需要补充。为了帮助你去思考什么补偿可能对你有用，以下是一些对于别人有效的补偿的例子。

1. 失去自信

（1）吉米未能通过一场专业会计考试，而这场考试他本来认为是能够轻易通过的。

◉他休息了两天，然后开始阅读与学习技巧有关的书籍。

◉他请求他的老板时刻监督他，他们之间的关系因此而有很大的改善。

◉最终他获得了甚至比他通过考试之前还要多的责任感和工作上的满足。

（2）朱莉被她的丈夫抛弃了，因为他迷恋上了一个比她年轻 20 岁的女人。

◉她利用部分分手费在国外一家温泉处做了一次美容。

◉她在西班牙参加了我的“继续生活”课程，并决定回到乡下生活，因为那里令她有“在家里”的感觉。

(3) 克里斯因为对工作“冷淡”而被责备。

◉她给自己买了一个手镯，而在此之前她认为它是“不必要的奢侈”所以坚持没有购买。

◉她学习了一些沟通技巧，从而改善了她与孩子的关系，也改善了她和同事的关系。

2. 失去乐观

(1) 拉斐尔的业绩令人失望，他很受打击。

◉他改变了假日计划，并放弃出国游玩计划，而是选择在家里度过了一段令人愉快的时光，从而令自己冷静下来。这其中包括带儿子去“银石赛道”赛跑（这件事情在此之前他总是答应去做，但往往没有时间）。还阅读了一些与商业领袖有关的鼓舞人心的书籍。

◉他将网络交流作为优先考虑的事情，并将两个会议和业务联系面谈会列入明年的计划中。同时，他还预约了一个能够改善交流技巧的课程。

(2) 在去以色列的途中，玛莎目睹了一场自杀式爆炸。

◉她在和平研究组织处参加了一个成人教育课程，遇到了很多鼓舞人心的人，他们后来都成为了她的朋友。

◉她以一个律师的标准，开始学习人权方面的相关知识。

3. 失去金钱安全感

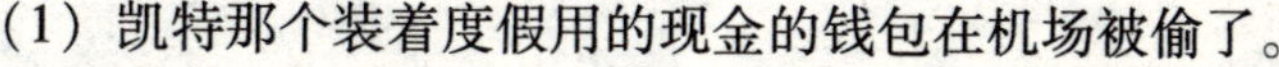

（1）凯特那个装着度假用的现金的钱包在机场被偷了。

◉在帮助她将那令人沮丧的意外事件告知了警方和保险公司后，她的朋友说他们会集资给她买一个新钱包。她抵制了自己想要拒绝他们帮助的念头，并用一部分钱买了一个正在热卖的新彩色钱包。

◉她又自己添了一些钱，凑够了便给自己买了一个相匹配的手提包。

（2）达林意外地被裁员了，这令他有点失落。

◉他利用空余时间去清理并重新装修了他的房子。他开始销售汽车，并参加了一系列由一位专门从事如何开创事业的职业建议师的咨询会。

◉为了能够好好思考一下，他给自己放了一个月的假，在越南度过了这个假期（他说这是他度过的最好的假期，甚至比他往常五星级的假期还要令他兴奋）。

◉他利用裁员的补偿金开创了自己的事业。

4. 失去社会支持和友情

(1) 吉儿（对，就是我！）不得不搬去一个她在那完全没有朋友的地区。

◉她创办了一个图书欣赏小组和一个探戈舞俱乐部，交了很多新朋友。

◉她为当地社区创办了一个实时通讯和社会重大事件转播的栏目，交了更多有趣的、支持她的朋友。

(2) 巴巴拉与她的朋友大吵了一架。

◉她通过一家友谊网站重新联系上了她的几个老朋友。

◉她参加了瑜伽和法语课程，交了很多新朋友。

5. 失去对他人的信任

(1) 皮尔和女朋友分手了，因为他知道她并没有诚实说出她过去的事情。

◉他安排了一些额外的享受时间，与很多他十分信任并且从来没有欺骗过他的好朋友一起度过。

◉他加入了一流约会/友情代理的课程（在那里人们都得到很好的治疗），他还交到了新的朋友，找到了灵魂的伴侣。

（2）吉儿（又是我！）在一次假期旅途中被售货员欺骗了。

◉她继续和一个有点小聪明的朋友去超市疯狂购物。她让她的朋友来讲价，买到了很多作为补偿的特价商品。

6. 失去对伙伴的信任

（1）在他的管理生意合伙人盗用资金之后，拉勃又拿走了他的运营资金，然后：

◉获得了工商管理学位。

◉自己重新开创了新事业。

（2）莱斯莉在很年轻的时候就成了寡妇。

◉为了能重新评价她最近选择的工作，在此期间她参加了我的“使你的事业重获生机”的课程，她让她的姐姐来帮助照顾孩子。

◉她开始接受与教师职业相关的训练，这样她可以在学校假期时抽出足够的时间来陪孩子，而且这是她的优势。她特地选择了一个好托儿所、好住处和现成的社交生活的大学。

7. 失去利用你全部潜力的机会

(1) 琼斯的爸爸去世了，而家人还需要琼斯的财政支持，他不得不过早地离开学校去工作。

◉他一边在一家汽车维修厂工作，一边获得了开放大学学位。

◉他要求休息日能够去攻读工程的硕士学位，这是他的公司之前答应他的，并愿意为他支付学费。此外，他们答应他当他回来时将会获得晋升。

(2) 龙吉斯（我的一个能够带给别人灵感的中国裔朋友），青少年时期就因严重的癌症，截掉一只手臂的大半部分。他本来是可以成为一位游泳冠军的。

◉他接受了强度很大的训练，从而去适应他的新游泳方式。他连获三块残奥会金牌，并被授予“大英帝国勋章”。现在他利用他的经历鼓励其他人勇敢地面对挫折。

8. 失去能量和对快乐的喜爱

(1) 妮可患了乳腺癌，不得不进行很长一系列的胸部恢复手术。

◉她买了一大衣柜的新衣服，剪了一个新发型。

◉她开始学舞蹈。

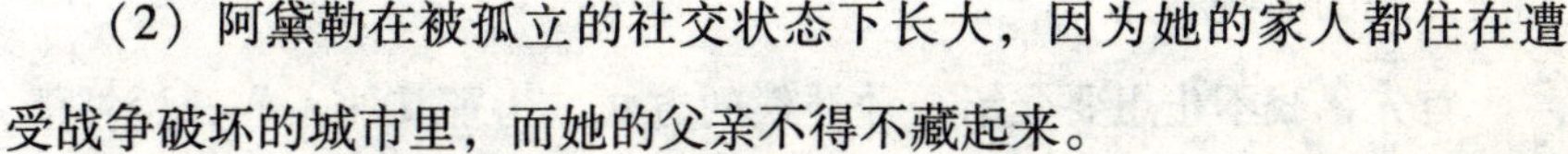

（2）阿黛勒在被孤立的社交状态下长大，因为她的家人都住在遭受战争破坏的城市里，而她的父亲不得不藏起来。

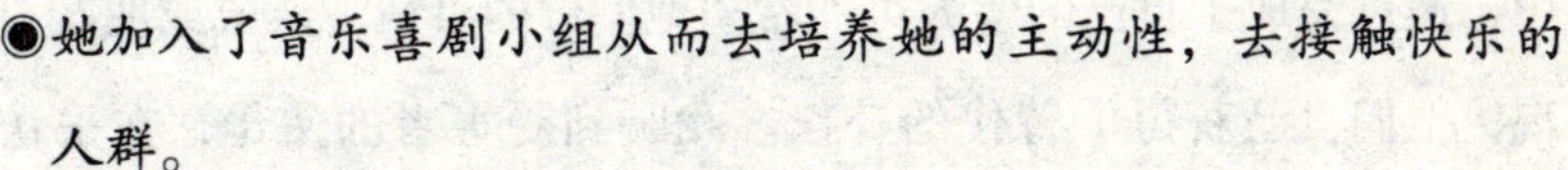

◉她加入了音乐喜剧小组从而去培养她的主动性，去接触快乐的人群。

◉她继续度过一系列包含很多社交活动的假期。

（3）伊莎贝尔努力保有她那份高压力的工作，度过了筋疲力尽地照顾母亲的五年时光。她不情愿地同意将她母亲送去为老年痴呆症患者准备的疗养院。

◉她将她的房子变成了“矿泉治疗地”，好好享受了一整周：她将冰箱里放满了有营养的美味食物，锁起大门，关闭了她的电话。周末时，她穿上长袍，浸泡在散发着香味的浴缸里，阅读了几部浪漫的小说。

◉她参加了一系列个人训练学习课程，和一个好看的教练一起！

我希望在看完这么多的例子之后，你能对“积极地安慰到底与什么有关”这样一个问题，有一个明确的理解。你可能甚至已经开始采取类似的行动，因为，正如我已经说过了的，这些步骤的每一步，都应该自

然地一个接着一个进行下去。你可能也发现，补偿在你连想都可能没想过的情况下开始发生了。

理所当然的治疗过程，带给了你意料之外的福祉，但请记住，它们对你来说可能是不足够的，它们可能没有完全解决、或只是稍微解决我们所发现的那些不足。

首先，我不止想要介绍一种补偿的方式。为了其他人你开始补偿，在这个过程中你也获得了一些治疗。这经常发生在当爱人早逝的情况中，通过完成了自己的爱人可能希望他们做的事情，亲戚或朋友可能发现，他们自己获得了替代的补偿。我听到受害者的父母，在采访中说道，她们为补偿受害者进行了长达十年的争斗，希望这能弥补她们女儿永远无法做到这件事的遗憾。

类似的，我的女儿最近参加了伦敦的马拉松赛跑，为我们在乌干达建立的纪念我另一个女儿劳拉的学校筹款。她说是因为想到姐姐深爱非洲，便想要做一些什么去帮助那里的人们。

放下本书，立即练习：分析经历一次情绪伤害后你所缺乏的东西

重新阅读上述一系列案例，思考关于你自己可能缺乏的东西，以及思考你为了补偿会做的事情。如果你不能想出任何你能够做的事情，你可以问问你的朋友，或与对方一起想想。大部分人都愿意去做一些能够帮助别人的事情，他们可能需要先阅读本章，这样他们能理解什么可能有所帮助，什么不可能有所帮助这一问题。记住，你必须感觉他们的建议，是与你的伤痛和你的需要有关的，不然是不会起作用的。

在你治疗的这个阶段，记住你需要获得足够好的补偿。你可以在以后经常这么做。我的女儿在她姐姐早逝后跑了七年的马拉松。从这个例子中你也可以发现，一些补偿计划需要人们付出很多年的时间来完成。你会知道，从你觉得有一点远离你的伤痛时开始，到你给予自己足够补偿所需要的时间，这将说明你正在自然地过渡到下一个阶段，洞察。

补偿箴言

补偿的目的是确保对于由你所受到的伤害造成的不足，你已经足够地给予它们补偿。记住：

◉这必须与你的伤口以及由此引发的情感有关。

◉放弃寻找报复或是公正的惩罚的机会，即使这是犯罪者应得到的。

◉仅仅是金钱上的补偿，对情绪伤口而言，永远不是足够好的补偿。

◉这个过程可能是短期的，也可能是长期的，甚至对于你的下半生来说也会是必需的。

第七章

第五种心灵神秘力量：洞察
Perspective

悲观的人在每一个机会中看到困难，乐观的人则在每一个困难中看到机会。

——丘吉尔（Winston Churchill）

我们已经到达我们必需的最后一种神秘力量——洞察。利用洞察，我们可以获得对伤口如何发生的和为什么发生的一个更好的理解。这样一来，我们不仅可以对伤痛有全新的不同看法，也能从以往经历中学到点什么，这些东西在我们的生活中可能会对我们有所帮助。对于我们可能遇到的任何其他伤害，我们应该能够提早获得警告，并提前作好准备去面对它们。

在洞察阶段，通常我们能够在处理伤口的过程中，识别出一些其他积极的有益之处。也就是说，我们可能发现可以使“危机”转化为机会，这个过程与在灾难发生后准备一张“白纸”或一份“独立问卷”的过程相似。在事件发生后人们就开始洞察，而这个过程需要很长时间才能完成。那些被指派负责这一重要工作的人，不得不在情感上远离这个伤害，从而能够去承担一丝不苟的调查工作，并进行客观分析、评价和总结。他们的目标是，彻底地完成这个任务，拉出这个事件背后的主线，使那些相关的人最终能继续生活。

即使你的伤口，看上去是由那些毫无意义的因素造成的，是无法归咎于任何特定的人或特定的事的，你也会发现，通过洞察自己，你还是能够获得一些有益的东西——这是你通过读书或听讲座无法得到的。到目前为止，我还没有发现任何一个简单的伤口，不能够增加你的学识或没有带来其他一些积极的有利之处。

在利用这个神秘力量时，你必须“指派”自己带着疑问，洞察自己的伤口。读者当中的有些人，可能已经开始洞察了，甚至在你打开这本书之前！这个阶段必定是当今社会最欢迎的治疗“工作”。事实上，它对于现代男性和女性而言，是那么地有诱惑力，以至于造成当一发现伤口的存在，人们就普遍地直接跳到这个阶段的局面。对于那些个人力量与你需要做的工作相匹配的人而言，这种做法尤其正确（但是绝对不是唯一正确的）。

比如，一个老友为了他的个人利益，背叛了我对他的信任。在我知道这个消息的那个晚上，我的女儿给我打了一通电话。她发现我正处于心烦意乱的状态，为了试图让我冷静下来，她告诉我说我需要记住这次伤害，无论它令人多么地难以忍受，它只是我生命中所要遭遇的挫折的一个相对极小的“光点”。她提醒我说，我以往是多么地快乐和成功，而且我还有很多没有令我失望的好朋友们。

换句话说，我的女儿正在试图帮助我在我更为丰富的生活经历中看清这次伤害。（这么做是我们在进行洞察阶段治疗的主要任务之一。正如我们在后面要讨论的那样，我们利用我们的智慧，去帮助自己从更全面的角度来分析这次伤害经历，从而更清楚它的意义。）

当我的电话响起的那一刻，我正在进行洞察这个治疗阶段。我仍然受到这次经历的不良影响，我的情绪波动得太厉害，以至于在开始探索发生了什么时仍在波动。我的女儿（不像我），更倾向于以一种善于分析的、实际的方式去应对问题。

她的这些内在个性力量引导着我们度过了多次危机。在听到令我悲痛的事件之后，我的女儿自然而然地做出了她能做的最好的事情。她直接进入了洞察阶段。（我理解她在做什么，所以这不是问题。实际上我被她的话感动了，感觉到被安慰了。同样的，她开始给予我帮助。）

每一次经历，无论是否苦涩，都教给我们一些什么。我们如果关注它们教给我们的东西，这将有助于我们战胜苦涩。

——霍华德·格瑞格斯（Edward Howard Griggs）

但是，我的女儿并不是唯一一个试图提前将我推入洞察阶段的人。几个性格十分不同并有着支配性力量的朋友，也这么做了。很多人开始“创建”有关“到底是什么导致了我的那位朋友那么做”的理论，他们想要知道我那位朋友的个性以及个人成长环境。一个朋友想要知道我是否过度信任对方了，并提醒了我很多次因为我的这种趋势所造成的问题；其他人则谴责外在因素的影响。

这些朋友也是在做重要的洞察工作，他们正在关注造成伤害的原因，想要看看是谁或是什么，应该为导致这次伤害负责。但是在这样的情况下，我同样没有准备好进行这种类型的工作。幸运的是，我能够看清楚发生了什么事，然后告诉我的朋友，我正在非常努力地抑制自己想要去探寻可能的原因的念头，因为我仍然处于一种情绪低落的状态。我真的非常幸运，因为他们都转移了行动方向，给予我在去做我首先需要做的事以极大的支持。那是（你已经猜出来了）通过详细地与他人

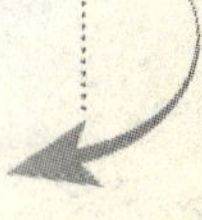

谈论来探索到底发生了什么，然后在我的家人和朋友耐心地、感同身受地倾听过程中表达我的情绪，或接受他们的安慰。

我的故事是否使你警惕起来，想起点什么？如果它确实有这样的功效的话，我一点都不感觉到惊奇。即使我们的基因组成中没有编制说要去洞察，我们大部分人都将会这么做，比对于治疗的有效的程度还要高。理解了人们这么做，有助于使我们在提前跳至洞察状态时，对我们或他人更加宽容。所以，让我们简短地分析以下三个造成我们在21世纪时倾向于这么做的主要原因。

第一，我们现代的教育系统，培育并锻炼我们大脑中的分析思考中心。理性推理是我们不停巩固的习惯，因为它们往往能够提供最有效的方式，去满足我们当代最基本的需求，满足我们处理问题的需要。所以在受到伤害之后开始洞察的行为，让人感觉到是明智的和“正常的”。

第二，因为我们处于竞争激烈、生活节奏非常快的世界里，我们经常要以最快速度解决问题。可能从本能上我们知道，洞察是整个治疗过程的最后阶段，所以我们喜欢自己或推动别人，直接跃至这个阶段这种行为是可以理解的。

第三，自助专家（比如我）给大家造成了过多的影响。我们培育了很多业余心理学家，他们习惯性地总结，为什么人们和他们的表现方式一样。我们的专家也成功地将很多消极心态转化为积极心态的技巧，传播到大众所接受所理解的知识中去；主要的“技巧”在积极地理性地思考技巧方面发生了变化，而后者刚好是我们用来洞察的主要工具。这种知识在工作场所也很流行，但是这并不起什么帮助。尽管情绪运营系统做出了很多努力，但在当今社会人们对工作中的哭泣和哀号，几乎没有任何的容忍力。人们往往更喜爱快速地掌握一些简单的心理学技巧，然后直接将人们推入洞察阶段。

所以，如果有人这么做了，你要理解对方，但是你要确保自己所在的“阵地”不变。如同我的女儿和我的一些朋友那样，大部分人在使用这个技巧时确实做得很好。他们不知道我对治疗伤口是有特权的，因为我知道洞察是什么样子的，我知道当它行动时会造成什么样的影响，我能察觉到它的出现。这意味着，我能够注意寻找它并在它强行提前闯入我的治疗过程时采取行动。当你真正完全为进入这个阶段准备好了时，要相信你拥有能够完成洞察的能力。那种你在没有完成前面的治疗过程，就已经跳至洞察阶段的过程，如同一条廉价的石膏绷带。它的好处注定是无法长期存在的。你伤口中的脓很快将会开始渗漏，你的伤口将会轻易地因一个新的情绪冲击被重新揭开。

这是我从“沮丧”中学会的——这是一笔丰富的经验。

——伊莎贝尔（Isabel allende）在女儿夭折后如此说

现在假设你已经进入这个令人愉悦的洞察阶段，那么检查下你还需要做什么事情。我已经提到过它所涉及的几项工作，但还有其他一些工作。作为总结，以下是你需要检查的五个主要领域：

来龙去脉

我们需要回想造成伤害的事件的细节，以及当时周围的环境。

模式

我们需要找到情绪反应和举止的相似之处，从而判断这是否是一个负面习惯的迹象。

责任

我们需要分析是什么造成了这次伤害，然后我们需要决定什么时候是合适的，是谁或是什么，应该为这次伤害以及它所引发的反应负责。

意义

我们需要以全面的眼光考虑到我们的友谊、事业、生活或大学的福利，然后判断这次伤害发生的意义所在。

学习

我们需要从中学到些什么，发现一些我们或其他人可能因这次伤害而获得的好处，并估计它能够帮到我们或是其他人多少。

如果这些听上去像是令人畏惧的包袱，那么记住，与政府问卷不同，我们的洞察工作有时能在不到一分钟内完成。而且只有在很少的情况下需要对每一个伤口都做这样的工作。事实上，有时你可能只用对其中一个伤口这么做。

当你面对各式各样的小伤口时，你可能已经自动地完成了这些任务中的大部分。在下一次练习时将会证明你已经是一个多么好的洞察专家了！

放下本书，立即练习：抓住简单洞察

识别并为在这些例子中几秒钟的自言自语中发生的洞察任务命名。你需要注意到在每一个情况下，并不是所有的任务都是合适的（答案在本章的最后）：

（1）吉米因为在一次游戏中输了所以很失望，他对自己说：“这毕竟只是一场游戏……我们玩得很高兴。我在此之前已经获得了很多次的胜利了，很有可能我还会再次胜利。对于我来说偶尔的失败是有益的。”

（2）克里斯因为对一位同事失望了，所以很心烦。这位同事因为一个更重要的权威人士的出现，而在最后一分钟取消了一个重要会议。在咒骂一小会后他告诉自己：“好吧，至少这次取消并不是我的错。他郑重地道了歉而且将会内疚。我还有可能说服他。现在我需要再花费一些时间去收集数据。”

（3）弗兰切斯卡的手提包被偷了，于是她告诉自己：“我假定这是你所要付出的代价，因为你在城市中心这么多穷人的包围下还在度假。好吧，他们没有刺伤你，没有像抢卡萝丽时那样对待你。那个包已经变得破旧了，你需要换一个新的了。我不能再一个人走在这条街上了——毕竟这样的抢劫事件并不是第一次发生在我身上了。”

（4）罗伯特在听到叔叔的死讯后，告诉他自己：“天啊，我会想他的。我那么享受当我经过达拉谟时能够去拜访的事情。但是至少他走完了他的生命，当他死去时他并不孤独的。我能够在这之前去看他并留下了他那微笑着的照片，我是多么的幸运啊。它将提醒我他那‘总是向好的一面看’支撑着我的哲理。”

你们中的一些人必然比其他人更迅速地认同这些例子。正如我之前

所提到的那样，洞察这个过程，对于那些自然地倾向于理性分析的人来说，总是来得那么轻易。对于那些像罗伯特的那个亲戚一样足够幸运的生下来时就是个乐天派的人来说，这也是个很容易到来的过程。但是对于我们之中经历了过度伤害或重大创伤的人来说，洞察任务，可能代表着一次真正的挑战。所以如果你是后者，我建议你在尝试去做 176 ~ 181 页的“洞察调查问卷”之前，先做一些准备工作。这将激活你大脑中需要利用的部分，并能将他人带入一个对你有帮助的精神状态。

全力洞察的四项准备工作

1. 唤醒你的心灵

洞察任务需要高度警觉并保持乐观，我们需要能够将用左脑进行分析工作的状态，转换到以右脑的整体视角来看待问题。我们也需要尝试理解各式各样的感觉和信仰，所以这个任务同样需要灵活的思考能力。最后，我们需要利用我们的创造性思考能力，去提取值得学习的地方以及那些积极的好处。

正如我们已经讨论过的那样，经历过很多次伤害之后我们的精神无法像它平时那样起作用。虽然你的大脑可能在这个阶段能更好地工作，但相比于平时它仍然可能算是迟缓的。很多人发现当他们面对洞察任务时，他们的想法有一种要么在他们的脑海中转圈要么卡在消极的槽中的趋势（比如一直想着消极的“假设……将会怎么样”或是“要是……

就好了”的场景）。这就是为什么我建议你先做一些简单的“大脑热身”练习，它们将会帮助你去更快地更全面地完成洞察调查问卷（176～181页）。

大脑健身房

这些快速的肢体练习，刺激了右半脑和左半脑，如果你正卡在思考的槽中，这对你来说将是极大的帮助（当我写作思路堵塞时我就会利用它们）。每周选一天早晨来完成它们，或者如果你正在处理极大的创伤，那么你需要在开始做洞察调查问卷之间完成它们。

◉有活力地大步行走3分钟（抬起右腿时上举左胳膊，反之亦然）。

◉从右到左，利用你的胳膊划一个大的想像中的“8”字形；然后收回手，再从左到右划一个。如此重复3次。

◉将你的右手放到你的身后，提起你的右脚，用右脚尽量去碰你的右手，使你的手指和脚趾接触。然后换成你的左手和你的左脚，做同样的动作。在保持好平衡的情况下用最快的速度重复做6次。

头脑风暴

这是一个广为称赞的创造性的思考练习的方法。如果你不熟悉这种方法，那么试着选择在一个与你的伤口无关的物体来练习使用此方法。

在一张非常大的纸（A1号纸，也可以旧墙纸）的正中央，写下一个关键词。盯着这个词看一会，然后以你最快的速度在纸上写出任何跳

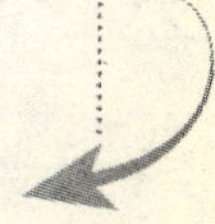

到你的脑海里的词汇。

2. 激发你的积极情绪

下面这些建议是为了帮助你打起精神和帮助你积极地正面地思考而准备的。如果它们对你不起作用，那就使用你自己的技巧或找一些一直很快乐的朋友，与他们分享一下他们的方法。

◉每一周都抽出一个晚上来观看一个喜剧节目或录像。

◉自己买一本幽默故事书或笑话书，每天早上在起床之前花5分钟阅读它，在入睡前再阅读5分钟。

◉每天至少吃一份美味的食物。这是来自鲍勃·艾林的一个技巧(Bob Ayling，前英国航空公司董事长)，他是一位著名的、极有成就的英国商人。当问及到他是如何战胜他那无数的挫折，他说："如果你在不停地吃草莓，你便不会觉得自己悲惨。"

◉强迫你自己经常笑。调查研究表明，这么做的话，实际上是刺激了大脑里一种叫做脑内啡的化学物质的产生，会引发令人心情舒畅的情绪。

◉购买或借一本专门为治疗设计的书。

◉利用下面的GEE战略。它是为将你从不理智的思考状态中转移出来而设计的，而这种状态，往往是伴随着一次情感伤害的出现而出现。

GEE战略

这些神秘力量能令你快速打破消极思考的坏习惯。

只要你一意识到自己在做出消极的观点，那么就问问自己以下三个简单问题，它们会将你转移到一个正常的（而不是情绪化的）思考模式中。下面这个例子中的主角，是一位离过2次婚的父亲，他有两个因此而受到情感上的伤害的孩子。他因为被3位只约会过2次的女人拒绝而情绪消沉。在以下每个分类中都有两个陈述：第一个是他对于事件的立刻的情绪化反应，而第二个则为他提供了一个更加理智的处理方法。

（1）我是在从一个或几个特别的经验中归纳的吗？（G——Generalizing，归纳）比如：

“这是我自己所犯的愚蠢错误。我经常选择错误的方式。这就是我。我不能谴责别人。”

“事实上我只谈过两次恋爱……第一次时我只有18岁，然后在治疗好自己之前过快地与第二个在一起了。珍妮太年轻，所以她也很不理智。而菲奥娜知道她要为孩子们负责，然而在明白这一点之前，我们已经结婚了，所以她最终也离开了。”

（2）我是在夸大化目前的问题、潜在的危险或困难吗？（E——Exaggerating，夸大化）比如：

“如果我现在因为几次被拒绝的约会就如此沮丧的话，那么当我的

婚姻再一次失败时我会完全崩溃的。”

“我从来没有这么沮丧过，我无法继续工作或照顾孩子。我只是做了三次尝试。无论如何，如果我的婚姻再次失败，至少我知道如何去恢复，所以即使我被伤害了，我还是可以好好地继续生活。

(3) 我是在拒绝任何积极的方面或潜在可能吗？E——（Excluding，拒绝）比如：

“如今没有女人想要那种已经离过2次婚，而且带着两个‘拖油瓶’的男人。”

“总有一个自己已经离过2次婚的女人。也有很多女人欣赏那种知道他需要什么，知道他在寻找着什么的男人。她们可以为自己找到像我对孩子认真负责的男人。我的孩子对我来说是极好的陪伴者，我不能没有他们。我自己就能很好地照顾他们——他们将会是一个好女人的财富，而不是负担。”

3. 挑战你的信仰

洞察需要非常坦率的思想，当我们受伤害了（因此变得脆弱了以后），我们在熟悉的信仰、态度和价值观的陪伴下，会感觉到更加地安定。这不仅仅包括我们自己脑海中的那些信仰，也包括外部的。我们总会自然而然地亲近那些和我们有着相似价值观的人，我们可能会寻求他们的陪伴，或专心地倾听他们的观点。当你在公共场合看到与以下类似的场景时，你可能就已经看到过这样的例子了。

这是一个如同往常一样忙碌的周一，事情发生在伦敦的一个站台上。一群看上去好战的年轻女生，正在威胁一个不让她们通过火车护栏的警卫（我假设她们没有车票）。她们争吵得异常激烈，然后开始动手了。一个乘客被卷入了这次事件中，她被推倒了地上，于是开始咒骂。

在等待交警到来的过程中，人们开始围观。我看到他们快速地分为志趣相投的小组，凭借着我谨慎的偷听技巧，我听到各种各样的“这太可怕了……是……的错”的对话：

“是她们父母的错——她们应该被锁起来。当今社会的年轻人完全不懂得尊重别人……学校也没有任何相关的规章制度。”

“这些天到处都不安全……在这个城市里我们都太温柔了……车站上应该有更多的警察……你不会在德国看到这样的事件发生。我在那里生活过……”

“我为了一张票排了20分钟的队，我的耐心快用完了……是啊，因为只有两个售票窗口开放而今天人这么多，怪不得她们找事……售票员们说有3个人病了，这种坏事经常发生。”

这是一个在行动上洞察的例子。这些目睹了这个场景的乘客，间接感觉被伤害了。（因为伦敦的交通工具，总是在播放广播，提醒人们注意犯罪者自杀式威胁，所以这样的场景，会立即引发群众的恐惧和受伤害的情绪。一旦发生任何事情，独自前来的乘客，就会立刻聚在一起。）

在分享着他们认为这样的意外事件谁应该负责任的观点时，人们直接跳至了无效的洞察阶段（而不是首先在一起探索，讨论刚才到底发生了什么，表达他们的恐惧并安慰其他人）。在这样提前地进行治疗跳跃

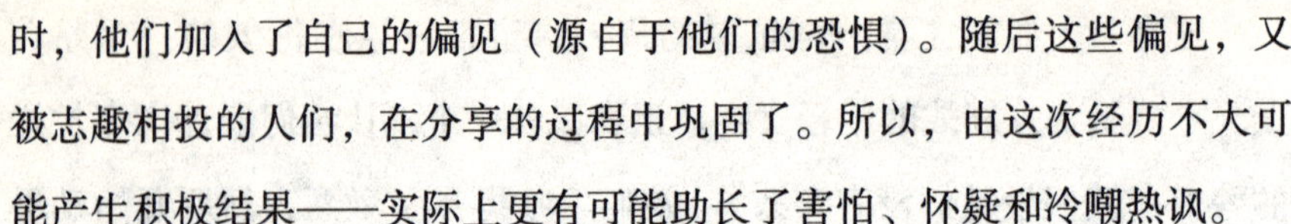

时，他们加入了自己的偏见（源自于他们的恐惧）。随后这些偏见，又被志趣相投的人们，在分享的过程中巩固了。所以，由这次经历不大可能产生积极结果——实际上更有可能助长了害怕、怀疑和冷嘲热讽。

但是谁能不被诱导到这种错误的洞察反应中去呢？这种反应能立刻让我们获得少许安全感，因为我们是群体中的一部分，所以感觉比自己单独站着时更加有力一些。不过也有很多好消息，好消息是一旦我们处在这个阶段，我们能通过完成以下形式的洞察任务来获取同样的感觉。

◉当与有着同样经历的人聊天时，你要特别注意那些与你反应不同的人。倾听他们所说的话，并问一些相关问题，试着去理解他们的观点，思考他们为什么从不同的角度来看待这个问题。记住你要倾听并留意其他人可能有什么感觉，可能相信着什么，以及为什么他们会这么做。

◉当你遇见、听见或阅读人们在这样的情形中，遭遇同样的却更戏剧性的伤害的故事时，请保持一双警惕的眼。但请注意，不要将自己的遭遇，视作“无关紧要的事”。我知道它们会多么地诱惑人，当我治疗因失去劳拉而遭受的伤痛时，我发现我的注意力，总是徘徊着那些失去孩子的重大灾难的故事中。我不得不与那些我认为我是“幸运的”的念头抗争。但是为了保持平衡，我仍然认为这种觉得别人要面对的比我更多的想法，帮助我进行了洞察，并在我继续进行我们这些神秘力量的第一个额外阶段——引导时为我提供能量。

◉加入一个自助或减压小组。但是要提防那些正困在“呻吟槽中”的人，如果在你所在的区域中没有一个合适的小组，那么你需要

考虑自己创办一个小型的组。你可以和两三个人一起完成这个任务，说不定本地居委会还可以为你提供住宿和一小笔拨款。有时他们也将会“提拔”你为这个小组的领导者。如果没有领导的话，你们可以轮流做领导。但是试着去确保你们建立了一些能避免某些人完全支配他人的规则。当人们还没有治愈他们的伤口之前，被他人支配与“骗财骗色”的情况便很容易发生。

◉广泛地阅读与这个主题有关的资料。你可以在网络上做一个调查，也可以阅读一些书从而获得平衡的观点。你可以寻求一个售书员或图书馆管理员的帮助。很多自助小组也有阅读清单，你的医生可能也有，你可以照单选购。（我发现在英国的大部分国民保健服务信托都有阅读清单，而我的书的名字已经在上面出现了很长时间！）

◉当你做调查研究时，试着去找出你的伤口在其他国家里是如何被看待和被处理的。事情之间有很大的不同，比如在很多国家在处理无信仰者、对孩子的看法、对年长者和残疾人的尊重时。与他人争论这些问题将会是启迪性的，是一个挑战，当然也是治疗人的。

◉在电影、杂志、电视节目和广播脱口秀中寻找幸存者的故事。后者有时包括来电广播节目，所以你有机会去争论一番。

◉成为一个博客使用者或常在网络上留言。你不知道如何做吗？没有关系，查查网络教程。简单来说，这是一种在网站上分享新闻观点的方式。选择那些能够保证争论不是冒犯人的、诽谤的或危险的做法是不错的。

◉自己玩“魔鬼代言人”游戏（Devil's Advocate）。将两把椅子正

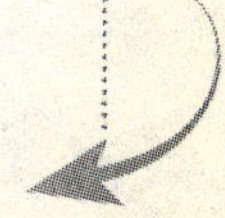

对着摆放，为每一张椅子选择完全不同的观点。你坐在第一张椅子上，这时的你就“拥有”椅子所代表的观点，说出你现在的观点，然后再移动到另一张椅子上来进行争论。你可以通过这么做，来延伸你在洞察任务领域内的几个观点。

◉如果合适的话，请求其他人对你对伤口的反应进行反馈，并请他们告诉你，对你对这件事所应负的责任的看法。要小心地选择你要问的人，他们应该是那些真心想帮助你康复，帮助你从这次经历中学到些什么的人。他们也应该足够自信，能够诚实地作答，并且知道如何对你有所帮助的方式来指出你的不足之处。

4. 学会谦卑

当我们被伤害了后，我们会变得以自我为中心，这是我们另外一个自动生存反应。我们首先需要关注自己，这样才能进行进一步的治疗。在这段时间内，我们可能收到比平时更多的来自他人的关注，但是如果这种自我过度关注的状态长期存在，它会起反作用，我们会失去朋友，更难在社会中生存和工作。（这种观点在当今社会不正确吗？目前，我们大多数人都有着这样的看法：互相满足对方的需求是友谊、社团情谊和商业关系的最关键要求。）

洞察要求我们对我们在微观世界和宏观世界的重要性感觉到均衡。谦卑的目的是去帮助你重新建立你对自己的重要性的一个更加平衡的观点。以下是我和其他人在达到这个目标时所使用的方法，但是你可能已经有你喜欢的“回到地面”的技巧。

◉走在乡下的小路上，走在“希望的田野上”，周围是一片广阔的绿色（比如英格兰的荒野上）。

◉沿着海岸边步行，或在大海上划船。

◉凝视星星。这个任务可以通过去天文馆或盯着相对污染较轻的夜晚的天空来完成。

◉享受一个假期或去参观一个名胜古迹，比如英格兰的巨石阵或（如果你仍需一些额外的补偿）去一次外国的景点，比如去秘鲁的丘比丘或埃及的金字塔。如果你的预算或记事簿使你无法长时间旅行，你可以去参观博物馆或是阅读一些关于旅行或历史的书籍。

◉参观一个生活水平比你低很多的社区。在我西班牙的课程中，来访者经常说在我们工作的乡下城市走走，这有助于他们完成洞察。如果你不能亲身体验，你可以通过阅读书籍或看电影来获得同样的效果。

◉看、听或阅读一些成功的有才华的人的作品。这些人可以是从事任何令你感兴趣的领域中的职业，比如商业、艺术、舞蹈或运动。

◉参观一个慈善机构，在那儿，你可以看到无私的人们正在做志愿者工作。

现在你已经能理性思考了，是时候进行一些严肃的个人反思了。在以下的洞察调查问卷练习中，你会发现一系列能够帮助你完成洞察任务的问题。你可能会发现，并不是所有的问题都与你目前在处理的伤口有关。但是为了学习整个过程，你至少要考虑一下每一个问题。你可以试着将这些问题，应用到一个过去的伤口或一个假定的伤口上。

洞察调查问卷

1. 来龙去脉

当时我脑海中有什么？我是否在想着某些特定的有关联的事情？我是高兴的还是悲伤的？

注解：注意，在你已经感觉到沮丧后，伤害未必是给你带来最沉重打击的。处在一种快乐的状态，会令你觉得被伤害的感觉比正常时更加痛苦。比如，几个月之前，我在西班牙的赫雷斯，绕着美的令人惊叹的马市（Feria del Caballo，每年都十分美丽）走着，正在跟丈夫感叹着我与我爱的人一起出现在那儿是多么地幸运时，我收到一条令我极度失望的短信。这个负面事件的闯入完全破坏了我的好心情，结果我比在其他情况下都更沮丧了。每当我将这个故事告诉我的朋友，并强调来龙去脉时，我总怀疑这个想法是对的。

当时我的外在世界里会发生什么事？当时的环境是令人愉悦的还是令人痛苦的？

注解：在听到你的家被抢劫的消息后，可能会根据当时所处位置的不同，而有不同程度的痛苦感觉。如果你正在度假而不是处在战争地区或在高压力工作的环境中的话，你对这个消息的反应可能完全不同。

周围是否有其他人？除了我之外其他人是否有受伤？如果有的话，我是否影响了他们的反应？

注解：其他人的沮丧、震惊或愤怒程度，会影响我们的感受。想想在一场网球比赛中的选手，他们在一场比赛中因战败所受到的伤害，会因观众的喝倒彩声音而加重。这也会减低士气，令他们在下一场比赛中也战败。

2. 模式

在此之前我是否感觉受到过类似的伤害？如果有的话，多长时间一次？它第一次发生时是什么时候？

注解：我的来访者约翰，他的女朋友取消了他们的订婚计划后，他感觉被孤立了，十分伤心。这种情绪在他的朋友和同事，都搬去了澳大利亚后再次被唤醒。这也令他想起当他没有被那个加入了三年的大学划船队伍选为舵手时的孤立感。

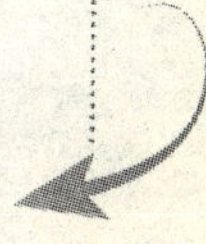

我的内在状态和所发生的事情之间是否有一定的相似性？如果有的话，是什么？

注解：每一次当约翰正在接近生命中的过渡时期时，上面的情况就会再次发生。所以，当他内心里十分痛苦和担心时他也在失去外在支持。

其他人涉及其中了吗？他们是否也采取了类似的举动？

注解：每次这样的事件发生时，约翰发现身边的人都是他深爱的人，都是那些愿意与他分享快乐时光的人。这令他在与他女友分手时感觉更加难受，因为他开始有这样的想法（虽然是不理智的）……当我亲近这些人时总会发生这样的事情。

3. 责任

我的个性的某方面或我的行为对所发生的事造成了影响吗？

注解：在我第一次婚姻破裂七年之后，我发现自己曾盲目地想要给我的孩子快乐安定的童年（这是我自己所没有的），这个盲目决定可能是为什么我没有注意到我的第一任丈夫正在过着两面派生活的明显迹象。

其他人是需要部分或是全部为此负责吗？

注解： 理解像我一样的空想社会改良家后便可以找到这个问题的答案。我们要注意不要其谴责过多的人，对主要的犯罪者来说其所负的责任不应该被别人共享！

有其他因素需要被谴责吗？

注解： 注意不要找很多这样原因，例如天气、经济负担、代沟、荷尔蒙、疾病、缺乏教育等等，这会使你对那些不负责任的或自私的人产生过多的同情。

4. 重要意义

在一到十的规模范围内，这次伤害对我和我的生活造成了多么严重的冲击？

注意： 这可能有助于你将这个情绪伤口，与其他你或其他人经历过的情绪伤口进行对比。

这次伤害对于其他人有影响吗？

注意： 它可能间接地影响了你的孩子、同事、来访者、朋友，等等。

这次伤害对任何与我有关的更加广泛的问题而言有意义吗?

注解: 将这次经历与其他问题一起考虑。其他问题可能包括女人、孩子、老年市民的权利问题;医德问题;宗教信仰问题,等等。

5. 学习

我从这次伤害以及它所造成的影响中学到了些什么吗?

注解: 问问你自己,比如:我是不是比过去不自信/不独立?我是不是过于相信或过于缺乏他人的肯定?我是不是比我想像中更爱他/她/它?我是不是既爱又恨某个人?我是不是需要更多的好朋友?如果我想要上升一个台阶我是不是需要更努力的工作/修订/准备?

我是不是从别人那里学到了些什么?

注解: 举例来说,这可能是一次向你展示出了他或她与你的价值观/期望/梦想不同的经历。

我是否学到了一些与生活有关的经验?

注解: 举例来说,你可能更加了解了你想要更好的生活的需求，因为你并不知道这次事件什么时候会结束。同样的，这次事件可能可以帮助你接受“生活是不公平的”这一事实。（这是很多我女儿劳拉的朋友说，他们从她的早逝这个意外事件中所学到的。）

我能否做一些事情来保护自己以免再次经历类似的伤害？

注解：你可能下定决心，利用自己的头脑来判断自己的心，是否指引着自己向正确的方向前进。你也可能决定下次一定要做好备用计划。

我是否因为这次伤害成长了？

注解：这次事件的结果，令你发现你现在有更多的情绪韧性/更加谦卑/更有见识了；更能理解那些容易受伤的或被拒绝的人；知道你需要控制一种报复的或想要杀人的愤怒之火。

这件事给其他人带来了什么好处？

注解：可能你的孩子/同事/朋友，目睹了发生在你身上的事，并从中学到了些东西。可能安慰过你的人，因此提高了自尊，知道了当他们需要时他们也可以依赖你。

我希望你会觉得做这个练习对你而言是有启迪作用的。如果你试着以非常简短的故事形式，总结你的答案，那么这对你来说将会是很有帮

助的。它将是当你需要或想要与他人谈论你的伤口时，你可以告诉对方的内容。

“终止”的时间

终止是一个术语，现在普遍用来描述在熬完一段艰难的时光后，情绪最终稳定下来的经历状态。这种终结过去的目的，是让你能够继续快乐地生活。

我的经验是，如果治疗过程是沿着我在这些神秘力量中建议的这样进行的，那么终结就会自然而然地发生。在洞察过程中，一种获得了结论的感觉，往往会随时出现，有时它不会立即出现，它会在之后的一个或两个额外阶段之后出现。我们将会在后面讲到这两个阶段。

但是，如果你是那种仪式特别对你起作用的人，那么在完成洞察之后，什么时候开始进行仪式都是可以的。当我与一组人合作时，我经常和来访者们一起，完成这种仪式形式的终止。他们随后便感觉到了结束。在继续生活的早期挑战阶段，这种感觉经常转化为情绪上的无价的支持。关于我们应该做什么的建议，通常是由来访者自己提出的。下面这一点是很重要的：你在做着自己觉得适合你的事情，而你所做的也适合你所受到的伤害。但是，为了让你想出什么可能是可以做到的，以下介绍一些对于我认识的人而言起作用的终结仪式的例子。

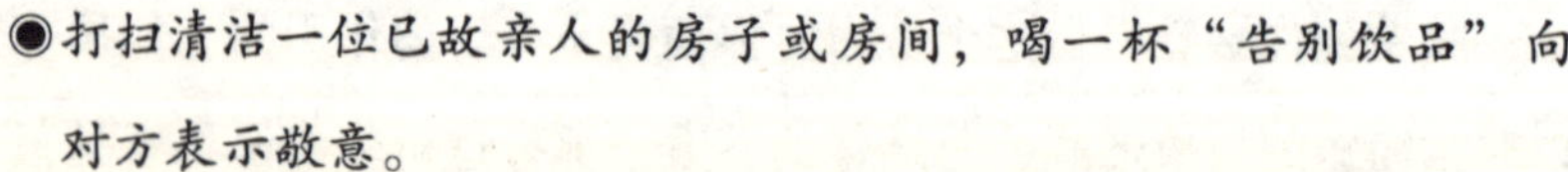

◉打扫清洁一位已故亲人的房子或房间，喝一杯“告别饮品”向对方表示敬意。

◉举办一次纪念仪式（不要在他人死亡后立即举办，因为那时你往往还没有治疗完毕）。

◉举行一场撒骨灰仪式。

◉开一场追悼演唱会。

◉写一篇关于本次经历的解释与估计的文章（比我之前所建议的更长的版本），然后，将它绑在或放入一个文件夹内，放到你的书架上（如果你有地下室的话就放到地下室中）。

◉为你自己创作一份艺术作品（不是像你在channelling阶段里为了其他人做的那样）。

◉写下这次经历中的负面部分，将纸张撕毁，烧掉然后埋在灰里，或将它们撒入大海、小河、或是撒在山坡上。

◉像上面所做的那样撕掉照片、纸、剪报。

◉最后去一次你所珍视的地方。当我因为不得不离开约克郡，那个我住了十七年的地方而沮丧时，我花了一天时间重游了那些我喜欢的地方，跟它们告别。

◉买一个漂亮的小盒存放值得纪念的物件。

◉在从一次离婚或分开的创伤中治愈了之后，将描绘美好时光的照片汇编成册。

洞察箴言

为了获得一种结束的感觉，并从你所受到的伤害中找出那些积极的能够帮助你继续生活的因素，你需要以一种纵观全局的眼光来衡量这次经历，你将需要：

◉分析伤害发生的来龙去脉；

◉识别出任何熟悉的模式；

◉判断出责任在哪里；

◉估计它的真正意义；

◉承认你从中学到了些什么；

◉如果合适的话执行一次终结仪式。

前面“放下本书，立即练习：抓住简单洞察”的练习答案

(1) 吉米因为在一次游戏中输了所以很失望，他对自己说：“这毕竟只是一场游戏……我们玩得很高兴。（学习）我在此之前已经获得了很多次的胜利了，很有可能我还会再次胜利（意义）。对于我来说偶尔的失败是有益的。”（学习）

(2) 克里斯因为对一位同事失望了所以很心烦。这位同事因为一个更重要的权威人士的出现而在最后一分钟取消了一

个重要会议。在咒骂一小会后他告诉自己："好吧，至少这次取消并不是我的错。（责任）他郑重地道了歉而且将会内疚。我还有可能说服他。现在我需要再花费一些时间去收集数据。"（学习）

(3) 弗兰切斯卡的手提包被偷了，于是她告诉自己："我假定这是你所要付出的代价，因为你在城市中心这么多穷人的包围下还在度假。（来龙去脉和责任）好吧，他们没有刺伤你，没有像抢卡罗尔时那样对待你。那个包已经变得破旧了，你需要换一个新的了。我不能再一个人走在这条街上了——毕竟这样的抢劫事件并不是第一次发生在我身上了。"（模式和学习）

(4) 罗伯特在听到叔叔的死讯后，告诉他自己："天啊，我会想他的。我那么享受当我经过达拉谟时能够去拜访的事情。但是至少他走完了他的生命，当他死去时他并不孤独。我能够在这之前去看他并留下了他那微笑着的照片，我是多么的幸运啊。（来龙去脉）它将提醒我他那'总是向好的一面看'的支撑着我的哲理。"（学习）

第八章

第一种额外心灵神秘力量：引导
Channelling

很好，我们要进入最后阶段了！我们已经到达了我们自己感觉最舒适的治疗阶段了！我是世界上引导这方面的专家之一，我从婴儿阶段就开始练习它了。因为我现在可以做的很好，所以我写下了这本书。

正如我们稍后要讨论的那样，引导的方式无计其数。从本质上看来，它们都包括了以下一个或更多需要做的事情：

◉利用我们从我们的伤痛中所学到的东西，帮助我们自己；

◉利用我们从我们的伤痛中所学到的东西，帮助别人；

◉指挥着我们从治疗过程中得到的新能量，建设、创造、培育或生产一些将会对我们的社区或是世界有利的东西。

正如“你懂的”，引导是一个额外的治疗阶段。严格说来，尽管我们有些人不太需要它，但我还是郑重地推荐它。当我们能够这么“顺从”地接受引导时，我们将会觉得自己获得了额外的治疗，变得更强大了。通常，我们的引导也对别人有益。纵观历史，对于很多有重大成就的个人、政治集团、慈善机构、书籍、剧本和电影而言，引导都是最后的控制因素。让我们来看看一些有名的例子：

西蒙·维森塔尔（Simon Wiesenthal）是纳粹集中营的一位幸存者。他将自己的一生奉献于证明大屠杀的罪行以及穷追并抓获那些犯罪者的事业中。

南非第一位黑人总统纳尔逊·曼德拉，当了二十六年的政

治犯。他和与他一起居住的人，在罗宾岛一起建立了一所旨在提高对政治警惕的博物馆。如今他已经89岁了，他仍然在利用他的声望和智慧去为慈善组织服务，去尽力解决外交冲突。

著名歌星麦当娜（Madonna）为了获得一部关于阿根廷传奇的电影中艾薇塔（Evita）的角色做出了很大努力，因为伊娃·庇隆（Eva Peron）的故事，与她自己年轻时的经历很类似，也与她晚年的成功相似。观众对这部电影表现出了各式批评的反应（她一定已经知道会有这样的结果）。显然她是为了情绪治疗而选择这么做的。

毕加索（Picasso）绘了一幅反战的“格尔尼卡”（Guernica）来反映出在西班牙内战期间以及在佛朗哥的独裁统治下他和整个国家的人所受到的伤害。直到人们拥有了人权之后，毕加索才允许这幅画被运回西班牙。

哈罗德·品特（Harold Pinter）在他第一次婚姻破灭，对他造成极大损害之后，写下了他那有名的戏剧《背叛》。

伊莎贝尔·阿连德在1973年时不得不和她的丈夫、孩子一起被流放到委内瑞拉。因为她的叔叔萨尔瓦多·阿连德（Salvador Allende，前智利总统）被推翻，然后，被暗杀了。她创立了一个基金会，该基金会为那些献身于以非暴力手段解决冲突的组织授予奖章。而当她的女儿被诊断出晚期癌症时，她写下了她非凡的著作《宝拉》。

克里斯托·弗里夫因为一次马匹踩踏意外而残疾，他利用他的声望开办了一家慈善机构。这家机构为调查研究筹备资金并帮助其他处于类似状况中的人。他还写了一本鼓舞人心的自传，书名为《我还是我》(*Still Me*)。

奥普拉·温弗瑞（Oprah Winfrey）在儿童时期就被强奸了。她利用她那有名的电视节目的力量来支持反强奸事业。

卡南·华德是一位曾多次获奖的艺术家，他13岁时从索马里逃了出来。现在他通过创作歌曲并演唱它们，增加人们对于他的故乡所面临的问题的重视。

凯莉·米洛得了乳腺癌，现在是一名关注乳腺癌慈善机构的捐助者和倡导者。她最近捐出了13 860美元——通过拍卖她一个文胸而获得的钱！

西蒙·韦斯顿是新西兰的一位老兵，他所在的30多人的团中有22人被杀害，他的身体也有49%被严重烧伤了。他利用他鼓舞人心的幸存故事，为他的慈善机构——“西方精神”筹集资金。这家机构为年轻人提供个人发展规划。

乔治·艾略特的（George Eliot）最伟大的小说《米德尔马契》(*Middlemarch*)是基于她个人的婚姻问题的经历，以及她为社会对于女性有限的期望的所感觉到的沮丧而写成的。

斯蒂芬·哈里斯是枪炮与玫瑰乐队的摇滚明星，吸毒上瘾。他现在正在学习以获取医学学位，因为他觉得“当我还有时间我要做点好事”。

听了这么多鼓舞人心的故事，以及明白了它显而易见的好处之后，很多人愿意与我一起分享他们有提前跳入“引导”这种神秘力量的趋势，还有什么好奇怪的呢？

我也是几天前发现我自己正在这么做。我们在西班牙的新房子的建

设工作，被来自当地政府的官员突然叫停。因为我们正在建造的墙与边界墙的距离，比法律允许的距离要稍微近了几厘米。每一个知道这件事情的人，都认为这是对于法律的一次荒谬的应用，因为我们的边界墙向北，是一些不能用的灌木丛。这意味着我需要过几个月没有厨房的日子，再加上我还需要花费大量额外金钱，我特别沮丧和受挫。但有趣的是，一个首先出现在我脑海中的念头是："我可以写一篇文章，警告其他天真的新到的移民，要特别关注西班牙的建筑法律的问题。"

对很多像我一样的，将引导作为一种生活方式，并与性格紧密相连的人而言，这种立即跳过所有必需的治疗阶段的做法，是普遍的。这样做让人感觉到很正常、很明智，因为它与我们意识中的治疗联结在一起，我们发现它天生就有令人镇定地的作用。但是当受到伤害时，我们可能认为我们应该无私或从中受到鼓舞。如果你足够勇敢的就我们的积极性这个问题，从而挑战这些"圣人"们，我们将会自卫。我们可能竭尽全力地抗议说，没有任何东西能够治疗我们的伤口；我们相信，我们只是因为看到了一种需要而被鼓舞。

一些引导专家甚至有意识地决定直接跳到这个阶段，他们可能争论说，在受到伤害之后，为了恢复，这是最有效的、最迅速的方法。他们说它使得受伤害的人的注意力，从疼痛中转移，将一次挫折转化为一个机会，这比自怜要好得多。这样的争论，总是被我们的大众传播媒体巩固，几乎每天新闻界都会鼓励一个悲痛的人，在遭遇个人或国家的灾难之后，立刻重述他所受到的伤害，从而去"帮助其他人"。理所当然的，与他人合作的诱惑是难以抵挡的。每个人都知道新闻报道的力量，能够发动一个政治集团或一场筹资运动。所以，当大众仍然因震惊而处于有同感的状态时，需要新闻界的介入。我自己也落入过这样的圈套。

在我的女儿劳拉死去后的24个小时里，我决定以她的名字命名我们之前所建立的基金会。基金会的目标，是帮助其他年轻人发现并建立他们追求自己毕生的梦想的自信，这对我来说是一个极好的引导项目。让我来解释一下为什么。劳拉决定离开她当时就读的大学，因为她觉得这并不适合她。尽管知道自己的决定是正确的，她还是陷入了一种绝望状态，她担心自己能否找到一份适合她的工作。幸运的是，在几个月前，我已经能够放下自己的工作，花时间帮助她重建自信，去探索和确定一个新的毕生目标。这个基金会为我提供了利用我在这次经历中所学到的东西，帮助其他年轻人的机会，同时，它也使我获得了个人满足感（因为我看到了那些我曾经因为劳拉悲剧的早逝所否定的结果）。

我已经在一些媒体面前出现过，而劳拉和我讨论自信和年轻人的问题的画面，也出现在国家电视台中，很快我就被很多新闻记者包围了。我将这些采访，视作一种宣传基金会的无价的方式。

结果，对我自己的情绪健康，以及对于我们正在组建的组织的利益而言，基金会成长得过快。我允许一些落实了对我们有限的资源而言过于野心勃勃的想法，我也做出了很多有关该项目的职工安置方面的错误决定。总之，我的心开始统治我的头脑，即在我还无法走路时，就让我跑起了马拉松。幸运的是（感谢我在这一领域所做的工作），我及时意识到所发生的事情。过了不久，我将需要亲自动手的工作、管理方面的工作，以及公共关系方面的工作，都移交给了别人，而自己只是充当一个赞助人的角色。同时，我按原路“返回了”我所需要的

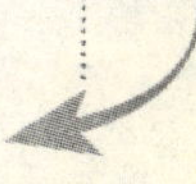

那一个阶段的治疗过程。结果，基金会极好地完成了很多创新的工作，而我也重新获得了我的情绪平衡。

这次个人经历极大地巩固了我的一个看法：引导必须被视作额外的治疗。除非我们情绪稳定并有足够的韧性，否则，如果引导不起积极作用的话是十分危险的。同时，它也对受伤害的人，和那些他们渴望帮助的人，都会产生负面影响。当时我本应该更了解这一点，因为在资助领域和精神健康维护领域中，我已经看到过大量能证明这种事情发生过的证据了，而且我已经改善了我的战略。但是因为我的情感伤口太深，我的心理编制系统凌驾于我的理智之上了。

什么因素会使你成为引导者

我的个人故事再一次说明了一些最普遍的原因。如果你是一个引导者，你将会轻易从中发现一些关键因素、结果和解决方案。为了那些还没有在这个领域内成为专家的人能够分辨出它们，我在下面的文字中用斜体将它们标识出来。

正如我已经提到过的那样，我的引导习惯从很早就有了。事实上，因为时间太早了，所以我认为是遗传使我在这个治疗阶段自然地表现卓越。从我记事以来，我就是一个注重实际的人。另外，我也毫无疑问地从我父亲家族里，继承了艺术家和工程师的双重引导潜力。虽然我对于我母亲的家族了解得很少，我至少知道她是一名医生，是一名特别好的治疗人员（这种帮助人的职业吸引了天生的引导者）。

可能我*在家庭里的角色*，巩固了这种天生的情绪倾向。我是家中的第一个孩子的这个事实，也起到了一定的作用。在我的早期记忆中，我的大多数时间，是在试图保护和帮助我的弟弟妹妹，以免他们因为我母亲的酗酒受到伤害。虽然我对于我的早期童年几乎没有印象，但是我确实有这么一段清晰记忆：我那正在蹒跚学步的弟弟（比我小 18 个月），站在楼梯顶部，眼睛里盈满了泪水，因为他听到楼下的父母正在可怕地“交战”着。我记得自己将他拉入卧室，安慰他，给他唱托儿所的歌曲来哄他入睡。（可怜的孩子——我唱歌时没有调子！）然后，我记得我守在顶楼，好像等了很多个小时才看到我的父亲上楼。

在我童年其他时期里，我也一直在引导。在儿童托管所，*我的举止为那些没人帮助没人关心的孩子树立了榜样，这些行为被进一步巩固。*（尽管工作人员都不知道当夜晚降临时，我是另外一种引导活动的秘密领导者。我创造并领导了一个秘密的团体，我们在晚上跳舞和野餐。我们的徽章、蜡烛和其他小工具，现在可能仍然被埋在那些地板下面！）

因为有后见之明，我在能够帮助人的专业中选择了引导这条道路，我的这个选择是可以被预言到的。小时候被成为一个传教的修女的想像，“挑逗了之后”（我接受过女修道院的教育），我有了一个不切实际的野心：成为一个记录戏剧电影的导演，从而去改变世界。当我不得不放弃这个梦想时，我成为了一个社会服务人员，随后又成为了一个戏剧治疗家以及自助

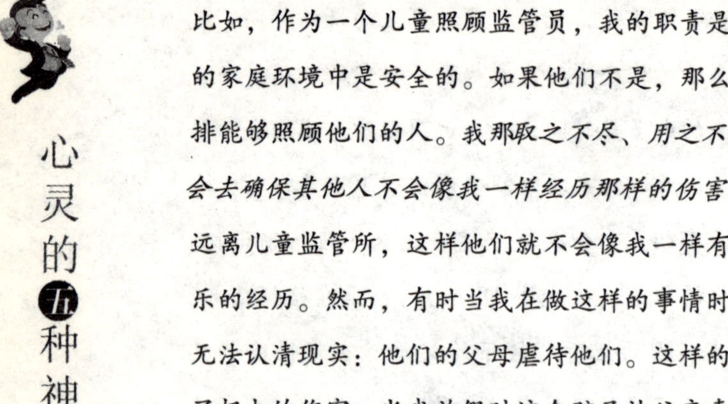

作家。

在我事业的早期，我的引导并不是总是能够帮到别人的。比如，作为一个儿童照顾监管员，我的职责是确保儿童在他们的家庭环境中是安全的。如果他们不是，那么我需要为他们安排能够照顾他们的人。我那*取之不尽、用之不竭的激情，使我会去确保其他人不会像我一样经历那样的伤害*。我想让孩子们远离儿童监管所，这样他们就不会像我一样有着那么一段不快乐的经历。然而，有时当我在做这样的事情时，我的尖锐使我无法认清现实：他们的父母虐待他们。这样的行为给孩子带来了极大的伤害。当我放假时这个孩子被父亲毒打，而我当时没有考虑到批准其他人在我不在期间去视察，是件很冒险的事情。最终，那个孩子的父亲被监管起来，那个孩子被送去了儿童监管所。

随后，在另一家儿童监管所，我当起了女舍监。我那想要在我管理期间使得生活变得“快乐”的*情绪需要*，意味着我无法维持纪律；同时，为了避免使得孩子们沮丧，我*无法传达那些必要的“凶狠”决定*。结果那些大一些的孩子，经常欺辱和伤害那些小孩子，监管所变得很混乱。

在我工作上所付出的善意努力，给他人造成了这些毁灭性的伤害之后，我变得精疲力尽，士气低落。这时，一种类似的消极引导模式掌控了我的生活。我变得*过度地专注于拯救世界，而我的社交生活受到严重影响。在面对友谊时，我同样忙于挽救我选择作为朋友和爱人的人的迷失的灵魂*。

所以我的早期引导工作，使我在各个方面都遭遇失败。我一直都强迫自己解决一些超过我能力的问题，事实上我无法做

任何有助于解决它们的事情。直到一次严重的抑郁，导致我自杀未遂时我才意识到我心理上出了问题！以前我总认为世界是腐朽的，而我是一个可怜的失败者。在精神病医生的帮助下，我意识到是我那毁灭性的引导习惯，实质上是童年经历中那一大块未治愈的伤口。

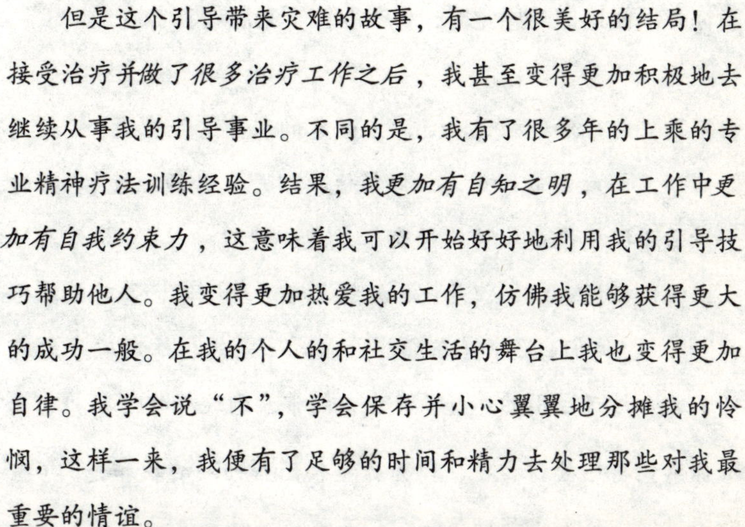

但是这个引导带来灾难的故事，有一个很美好的结局！在接受治疗并做了很多治疗工作之后，我甚至变得更加积极地去继续从事我的引导事业。不同的是，我有了很多年的上乘的专业精神疗法训练经验。结果，我更加有自知之明，在工作中更加有自我约束力，这意味着我可以开始好好地利用我的引导技巧帮助他人。我变得更加热爱我的工作，仿佛我能够获得更大的成功一般。在我的个人的和社交生活的舞台上我也变得更加自律。我学会说“不”，学会保存并小心翼翼地分摊我的怜悯，这样一来，我便有了足够的时间和精力去处理那些对我最重要的情谊。

如果我的故事的任一方面，为你敲响了警钟，说明你也是一个天生的/后天培养的引导者，这意味着你需要更加注意你是否能好好地去引导别人。为了帮助你，下面是我汇集的关于警告信号的清单。如果你注意到你也有这样的感觉的话，那么你需要暂停，好好反省自己。将这张清单给离你最近的人以及你最信任的人看看，让他们监督你。你未必一定要放弃你的引导计划，但是你可能需要暂停它们，直到你在自己的治疗道路上，能够按原路返回到你本应该所在的位置。

不适当引导的警告信号

当你有下面这样的感觉时，你需要停下来思考：

◉不惜任何代价地强迫自己。未治愈的引导者经常说：“我不得不这么做”或“我知道这么做很傻，但是我必须继续”。有时，这种强烈欲望像是一种“呼唤”或是一种“神召”。局外人可能指出他们极度失败，但是他们继续忽略这个事实，并时刻准备好去“牺牲”他们自己。（在那些监管地很差的、注定破产的或被他们的来访者滥用的慈善项目中，经常看到这样的情况。）

◉你感觉自己被伤害了，因为你提供的帮助一直被拒绝。（当一方为了完成任务去帮助另一方，而被拒绝时，这种情况很普遍。）

◉你感觉到愤怒和沮丧，因为人们在接受了你那么多的帮助之后仍然回到他们的“老路”上去。（当志愿者与自残者、违法者或是毒品滥用者一起工作时，这种情况很普遍。）

◉你感觉到讽刺和绝望，因为你旨在改革的计划总是失败。（在一些激进主义分子当中这种情况很普遍。）

◉你是唯一一个能够解决问题或能做这项工作的人。（这种夸张的想法是专业的空想社会改良家所熟悉的特点，他们经常因此而忍受“灼伤人般的”压力。）

◉当你从事于一项摆脱不了的、有创意的事业时，你觉得其他人并不欣赏它的重要性，或觉得你需要完美地完成它。（未治愈的从事于高情绪负荷工作的艺术家，经常对他们的工作结果不满意，即使是评论家热烈赞美他们的作品，即使他们的作品卖了个好价钱。贝多芬认为，他的“月光奏鸣曲”是“下等”作品，尽管它很受欢迎；挪威著名作曲家爱德华·格里格（Edvard Grieg）对他的广受赞美的《培尔·金特》（*Peer Gynt*）感到不满意。）

◉一种强烈的想要某个人受惩罚或想让他丢脸的欲望。（对于一些人，比如那些孩子被虐待的家长而言，它是可以理解的欲望，这是对方应得的报应，但是这种欲望不应该成为你的动力。引导在实质上是你的一个积极治疗过程，是一种有效的帮助防止其他人被伤害的方式。如果真的需要报复对方，那么让其他人来完成这些惩罚工作。）

◉意想不到的情绪爆发和无法控制的愤怒或脾气。（对于那些经历过严重创伤的人来说，这种现象是非常普遍的，因为那些创伤成为“有脓”的伤口，在他们以后的日子里被重新揭开了。如果这样的事情发生了，你需要“原路返回”到合适的治疗阶段。随后，如果你想要引导，你需要选择一个压力较小的计划。将大的引导挑战留给那些比你所受到的伤害小的人。）

◉身体上或心理上表现出来的压力症状。（它们可能是头疼、失眠、食欲不振、无法集中注意力、恐怖症或焦虑，等等。如果这些症状出现了，要像我前面建议的那样去做。）

对我在引导阶段遇到的问题而言，这些警告就已经足够了，可能对你也是这样！让我们回到它的积极潜力的话题上来。

引导的十二种技巧

当对情绪稳定、具有情感韧性的人进行引导时，会发生心理学界上最棒的奇迹。我挑战过很多人，他们使我相信有一些更加令人满意的、令人振奋的、能建立自尊的活动，能够将一些受伤的经历，转化为强大的积极力量。这样一来，不仅帮助了别人，还帮助了我们自己。我们已经看到过了一些关于人们如何做到这一点的典型例子，现在让我们来看看一些更加日常化的引导方式，这些方式是我们这种普通人也能够使用的。

1. 提高对相关问题的关注

如果你认为一个社会变化能够阻止你所受的伤害，在别人身上重演的话，这种方式会很有效。发生在英国波特巴（*Potter's Bar*）镇铁路灾难，令尼娜·鲍登成为了一名寡妇，她加入了帮助受害者证明这是完全可以避免的灾难的运动。我最近在收听收音机采访时，听说一名男士的弟弟在一场因为司机开车时使用移动电话而造成的意外事故中丧命的故事。这名男士在怀特岛领导了一场旨在阻止人们在开车时使用手机的社区运动。

提高意识的最强有力的方式是，告诉别人整个故事，而不仅仅是“传教”。在合适时，你也可以将它写下来投给新闻界、国会议员、有关慈善机构和其他相关组织，或加入电台及电视台的观众热线电话直播节目。你在洞察阶段所做的调查，将会帮到你，但是如果该主题是有争议的，或是对方可以合法反击你的话，你还需要再做一些事情或寻找专业帮助。

2. 帮助孤独的、贫困的人

如果你失去了亲人，或因为搬家了失去了一段感情，或被抛弃了，那么这会是一个很有用的、能够填补你内心空洞的方式。如果你太害羞或当你需要说“不”时说不出来，你可以加入一个志愿者组织。很多类似组织都设计了帮助计划。比如，“撒玛利亚人”就是一个这样的非常出名的组织。在英国大部分城镇都有志愿者服务组织，他们可以指导你去选择最合适的那个。

3. 捐赠

你可以捐赠钱给那些奋斗目标与解决引起你的创伤问题的慈善组织，也可以捐赠一些物品。比如，将去世的亲戚的衣服或财产捐给慈善组织的商店，或将一本关于如何从离婚中康复的书，送给一个刚刚被丈夫抛弃的朋友。你也可以捐献一些自己亲手做的东西，它们将会被那些正在与你曾经有过的对人造成损伤的问题搏斗着的人赏识。（比如，为一个刚刚丧亲的家庭制作一个蛋糕，或帮忙给一个因与你远离家类似的“上帝的行为”而无家可归的人建造一个避难所。）

4. 募捐

不要被那些筹集了上百万美元的专业人员和名人吓住了，记住，这对你来说只是一个治疗步骤。在购物商场摇动募捐罐，或进行一次简短的募捐游行，都会是非常有效的引导。我最近决定，只要我被邀请去免费演说，我都会要求对方捐款给我们正在建设的，以我女儿劳拉的名字命名的在乌干达建设的学校（无论多少）。这是我能够轻易募捐到资金，而又不为我那已经很满的时间表增加更多压力的方法。劳拉的妹妹发现另外一种方式：她最近利用跑完整场伦敦马拉松的方式来为建设非洲募捐（http：//www. build－africa. org），这个募捐组织正在以她的姐姐劳拉的名义建造学校。

5. 志愿工作

对那些有空余时间的人来说，你们可以通过做一些实际工作来帮助慈善机构或组织从而进行引导（这些慈善机构或组织确实会起作用，虽然它们因只有有限预算而无法支付员工费用）。比如，你可以加入急救小组，因为你的朋友遭遇过工伤事故；你可以为生活水平低下的人购买圣诞礼物，因为你自己并没有怎么得到过；你可以开流动供膳车，因为它们使你的祖父活了这么多年；你可以在医院与孩子们玩，因为你记得患肺结核的孩子，是多么的孤独与害怕；你可以给求职者提供新套装，因为你想起了当你长时间失业时的那种绝望的感觉。像在贝鲁特被伊斯兰教主义激进分子挟持作为人质长达五年的英国人特里·韦特那样，你可以将你从经历中所学到的东西，应用到志愿者工作当中去。特里·韦特说，作为一个被抓了那么久的人质，他学会了耐心等待。他说他支持的慈善组织，包括“世界野生动物基金会”（World Wildlife Fund），都会有长远发展的。在那里，坚持与有耐心是一种真正被赏识被需要的品质。

6. 有偿工作

你并不是一定得成为像我一样的精神治疗医师或作家！考虑到你所拥有的经历，你可以成为：

◉学校十字路口监督人，可以防止孩子被伤害；

◉驾驶教员，可以确保人们安全驾驶；

◉护士或药剂师，可以确保药品得到更加安全的管理；

◉医生，可以确保每一个孩子都拥有挖掘自己潜力的机会；

◉政治家，可以制订更加公平的政策；

◉建筑审查员，可以确保建筑更加安全；

◉兽医的助手，可以给生病了的或奄奄一息的那些宠物的主人以同情与安慰；

◉贸易联盟官员或雇员关系建议者，可以帮助创造更加公平的程序；

◉养父/养母，可以给一个孤儿享受家庭生活的机会。

如果你在寻找治疗工作的同时，也在寻找灵魂的满足，那么你有可能能找到有偿的引导工作。

7. 教育

正如你的洞察练习已经揭示的那样，你受到的伤害使你学到了很多东西。现在你可以找到一种方式，将你所学到的东西，直接地或间接地传递下去。这可以是非正式地传递给你的孩子、朋友或同事，你可以为组织献出你的智慧或技能。比如，几个我认识的人，在经历过压力过大或创伤后的紊乱所造成的崩溃后，成为压力管理教师，另外一个人开始教冥想，还有一个以指导老师的身份加入了灾难反应委员会。

你可能也能够通过分享你从一次极小的伤害经验中获得的智慧来使别人受益。几个月以前，当我的丈夫站在伦敦地铁的一个升降机里时，两个人挡住了他的去路。他认为他们没有听到或并没有明白自己那礼貌的想要通过他们的请求。然而，随着升降机下降了一点，在升降机底端的其中一个人转过身来，我丈夫看到了印在那个人身上的大大的词汇——“反×分子，并为之自豪”。我丈夫感觉这是一次故意冒犯的种族主义者行动。当他回到家之后，他极度沮丧，而他觉得这个意外事件太琐碎了，所以他认为没有必要举报。但是在跟我进一步聊过这个问题，表达了他的情感并获得一些安慰之后，他决定将这件事告诉警察，虽然他知道警察几乎不可能采取任何行动。他认为关于这种新型的反×活动的信息，可能对他们有用。他们会很感谢他，还有可能利用这个信息进行起诉。

8. 督导

如果你在沿着你事业的梯子向上爬时，经历了一次伤害，那么这个方法对你来说将会是理想的引导计划。可能因为你的个性、不利条件、种族、性别或是缺乏接受正式教育的缘故，使你遭受了很多不公平对待，因此你愿意去帮助其他年轻人，使得他们能够更加轻易地冲破这些不公正的障碍物。

9. 建造一个有用的或在美学上强化纪念馆或象征物

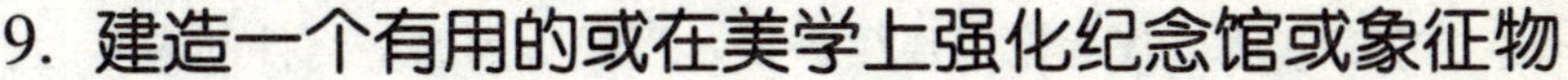

在英国，丧亲之后流行的引导方式，是亲手做花园里用的一把长椅、种一棵树甚至是整个花园。我们为了我的父亲在他最喜欢的地方种下了一棵橡树。为了纪念我的一个朋友，我种下了她最喜欢的黄花儿轮草。类似地，你可以创造或委托制造一幅油画或雕塑或其他艺术品，将它们摆在相关的地方，比如一个收容所里或一个箱子里。

10. 成为作家

《指环王》三部曲的作者托尔金（Tolkein），在他的青少年时期的第一次世界大战中受到了重创，在康复的过程中，他开始写作。曾有报道指出，这就是为什么他的书总是关于个人行动所具有的可挽回的力量

——他想要给予别人希望。

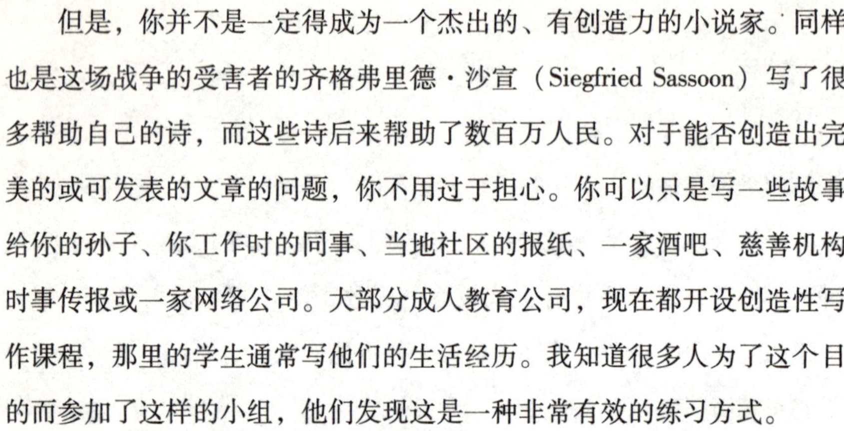

但是，你并不是一定得成为一个杰出的、有创造力的小说家。同样也是这场战争的受害者的齐格弗里德·沙宣（Siegfried Sassoon）写了很多帮助自己的诗，而这些诗后来帮助了数百万人民。对于能否创造出完美的或可发表的文章的问题，你不用过于担心。你可以只是写一些故事给你的孙子、你工作时的同事、当地社区的报纸、一家酒吧、慈善机构时事传报或一家网络公司。大部分成人教育公司，现在都开设创造性写作课程，那里的学生通常写他们的生活经历。我知道很多人为了这个目的而参加了这样的小组，他们发现这是一种非常有效的练习方式。

因为女儿丧命于一场愚蠢的意外事件，雷格·汤普森感到绝望透顶，他开始给她写关于如何处理家中事务的信件。随后他的信件发表在了一本书中，并通过收音机来连续播报。当我听到这些信件的内容时，我感觉自己被安慰了，我因为他的分享而情绪高涨，虽然这也令我又流下了眼泪。我确信很多其他丧亲的父母一定有类似的感受。

最近，我的一个读者写信告诉我，有一家公司专门出版由那些遭遇精神上和情绪上伤害，并且想要分享他们的经历，从而帮助别人的人所写的东西。我的这位名叫朱莉娅·候普的读者自己就是通过这家公司出版了作品。以下是她写给我的信中的一段节选：

> “我已经写完了我的故事，它以一本电子书的形式发表在chipmunkapublishing. com。我的故事叫做‘乌云的背后是阳光’。这个故事非常鼓舞人心，它是对我所受到的伤害的重现。但是，它不完全是忧郁的，它也讲述了我是如何扭转乾坤，如何通过帮助别人来将我的不幸经历转化成有用的经历。我写这个故事的目的，是想去帮助别人——它让人们知道在隧道的尽

头，总是存在着一丝光明。我非常想要帮助其他正在被伤痛折磨的人。你能帮我吗?”

朱莉娅曾经有过很多情绪伤口，经历过很多痛苦的身体上的磨练。我被她现在为了帮助别人而付出努力的行为感动，她自己一定已经康复了。

如果你自己的写作技巧，不满足这个任务的需要，你仍然可以通过让别人代写来使用这种强有力的引导方法。我请求过劳拉崇拜的诗人温迪·库普为她写一首纪念诗，虽然我们最近才见过面，她非常善良地答应了。我们在为了基金会而出版的募捐著作上加入了这首感人的诗。从那以后，它对我起到了治疗的作用：当我的悲痛又以一种痛苦的方式重现时，给予了我安慰。其中的几行诗被雕刻在了我们在劳拉被杀害的路附近，为行人所安置的长椅的背面，我希望它们能够给那些也承受着丧亲的痛苦的人，带来一些安慰。

另一种创造性的写作方式选择是：联系当地业余戏剧团体。如果你的故事里有很多有用的信息，他们可能愿意花很长时间写出或即席创作一个剧本。

你还可以选择让一位专业作家“代人捉刀”，将你的故事有创意地改编为神话故事。从网上搜索一下或查查相关书籍，看看有没有能为你提供帮助的公司或个人。当地作家协会和《作家、诗人年鉴》，都会是好的起点。你会震惊于人们通过这种方式总共发行了多少自传作品。就目前的出版业风尚看来，人们战胜挫折和悲剧的故事都是受欢迎的。所以，以这样不同的创新的协作方式，你可能甚至可以从中得到一些留给自己或捐给慈善机构的钱。

11. 演奏歌曲或创作歌

在世界著名作曲家古斯塔夫·马勒（Gustav Mahler）晚年时，他的姐姐去世了，又因为告别了皇家维也纳歌剧团以及被检查出了心脏病，他感觉这些创伤令他无法忍受，所以他全身心地投入到创作《大地之歌》（Das Lied Von Der Erde）中去。如今人们认为这部作品是绝无仅有的杰作，人们一直将它视作安慰别人的伤痛的曲子，因为它以接受和改变这样的含义结尾。

如果你自己有音乐天赋，你可以自己唱或创作你自己的音乐，像贝丝·尼尔森·查普曼（Beth Nielsen Chapman）一样，在丈夫被诊断出一种罕见形式的淋巴瘤之后，她暂时搁下了她的音乐工作。直到他去世之后她才开始创作歌曲，而她有名的歌曲绝大多数都是在这个时期创作的。2005 年在一次接受《星期日》、《泰晤士报》的采访中，她说道：

> 在我的生命中，音乐是我施放情感获得治疗的一种方式。在我丈夫去世的第一年里，很多次我因为太忙于照顾我的儿子而没有时间去哭泣。在这些寻觅着出口的情感的伴随下，我为“沙和水”写下了一些歌曲。我猜那是我当时施放出那些情绪的方式。

12. 种植培育

英国的一位名叫蒙蒂·东德的商人发现当他的珠宝生意失败时，种植“救了他的命”。在接受了一次收音机采访完他的经历之后，他收到了上百封来信，都是询问在他们的康复过程中，如何浇灌和照顾花园才能起到帮助作用。他还被邀请了很多次就这个主题进行讨论，其中有一次是去英国皇家园艺学会（Royal Horticultural Society）。现在他出版了一本名叫《宝石花园》的书，这本书讲述了如何通过照料一个花园，来使得人们从沮丧和灾难中康复过来。

引导箴言

在使用你从你所受到的伤害中获得的经验去帮助你自己或其他人时，记住：

◉不成熟的引导是会起反作用的。

◉你的目标不是要达到完美。

◉那些旨在帮助别人的计划实现的过程，需要被客观评价的局外人监督。

◉如果你只是想要获得令人惊叹的“荣誉”，你的引导对你或对其他人来说并不是有效的。

第九章

第二种额外心灵神秘力量：宽恕

Forgiveness

你现在已经到达了心灵的最后一个神秘力量。这个阶段的目标是能够与那个或那群伤害了我们的人握手言和（实际的或比喻的），并能够不带任何不满、怨恨、偏见和不信任的与他们重新建立关系。

这种纯粹的宽恕，使我们伤口痊愈了，而且也没有留下任何一点"疤痕"。然而，你要记住：尽管真正的宽恕，在你完成你必需的治疗之后会更加容易出现，实际上它仍然是很难完成的。有时候你需要很多年才能达到这个目标，有时候则会因为我们在后面将讨论的原因而造成这个目标无法达到。所以当你在阅读本章时要记住：在整个治疗过程中，宽恕是一个额外阶段，而不是必需的。即使没有达到这个完美的治愈状态，你也可能已经很好地继续生活。我自己已经这么做了很多次，也观察到很多其他人也是这么做的。

如果你认为你可能能够做到真正的宽恕，尝试着去这么做也是值得的。你会发现即使最终你没有完成这个目标，你也感觉好些了。另一方面，如果你成功了，不仅你自己的情绪状态改善了，其他人的也会如此。你也有可能与你所宽恕的人，建立一个更有利的关系。如果那些人是你爱的或是你需要的人的话，这会是至关重要的。

我们知道，宽恕是打开快乐大门的最重要的钥匙之一。根据调查研究，获得福佑的方法，并不是指穿专门设计的鞋子、开豪华大车、住在热带海岛的美丽的房子里或成为国际名人，而是找到一种在团体中互相支持的生活方式。如果我们能够互相宽恕对方的不完美、失败和错误的话，这个目标会更加容易达到。

在宏观世界中，宽恕表现出来的一种形式，是交战的团体和国家达成的和平状态。结束种族隔离后的南非政府，非常缺乏管理经验，但他

们却深知这一点。他们的“真相与调解”节目，就是为了得到相互的宽恕而进行的令人钦佩的一次尝试。他们将其视为他们的主要目标的这个事实，给周围的团体和整个世界注入了一剂希望和动力。

类似的，相互宽恕也是重建北部爱尔兰和平状态的重要因素。那个国家已经经历了多年的苦涩的内部和外部抗争。然而很多人可能对一些媒体报道的代表着宽恕的握手言和深表怀疑。事实上，各党派也在努力工作以求宽恕，这对于维护和平而言也是一个重要因素。最后，很多人也相信宽恕不仅仅对这个世界有益，也能给下一个可能出现的世界带来益处。我所听到的大部分宗教传导，都是在鼓励或命令那些受过伤害的人对做过错事的人予以宽恕。

但是，尽管宽恕有这些诱人的有利之处并有其正面的意义，在我看来仍然不是情绪治疗所必需的组成部分。考虑到此，我会表现出对其他很多心理治疗师和作者，在这个主题上的不同态度。在很多文学作品中，宽恕经常被视作情绪康复最重要的过程，比如，在谷歌网站上快速地查找一下“宽恕与情绪治疗”这个关键词后你会发现有超过一百万的搜索结果。以下的摘录是取自与宽恕有关的比较典型的评价。

一个 5 分钟网络调查中关于宽恕的典型评论

◉宽恕对于打开一个人自己通往治愈的大门而言，是至关重要的钥匙，它是连接内心和平和外在完整的必需环节。

◉宽恕是治疗的最根本方式。

◉越来越多的心理治疗师相信，宽恕在对于帮助人摆脱不满情绪和摆脱报复心方面是至关重要的。

◉宽恕是一把能够除去我们过去的枷锁的钥匙。如果我们沉溺于那些出错了的事，我们不会希望去与那些无礼对待我们的人和解。

◉传统上心灵的教师视宽恕为一种治疗沮丧、愤怒、压力和身体上的疾病的强有力的力量。

◉近期的研究表明，练习宽恕能为我们的健康带来积极影响。

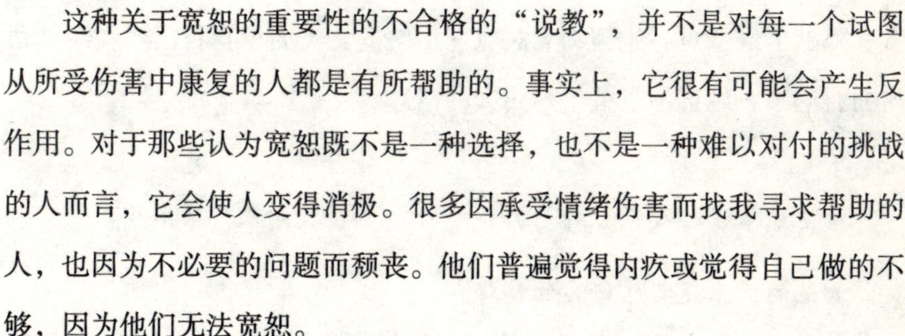

这种关于宽恕的重要性的不合格的“说教”，并不是对每一个试图从所受伤害中康复的人都是有所帮助的。事实上，它很有可能会产生反作用。对于那些认为宽恕既不是一种选择，也不是一种难以对付的挑战的人而言，它会使人变得消极。很多因承受情绪伤害而找我寻求帮助的人，也因为不必要的问题而颓丧。他们普遍觉得内疚或觉得自己做的不够，因为他们无法宽恕。

为什么有时候不可能宽恕

虽然在很多心理治疗师的圈子里流行这样一种说法：我们应该为我们的运气负责。我却相信，“奇怪的意外事件”确实会自行发生。很多伤害是由一系列出乎意料的方式一起出现的随机因素导致的，最典型的例子就是自然灾害。人类个人的错误或其他因素（例如全球变暖），不应该为造成很大程度的情绪伤害的灾害负责。

类似的，如果我们在做出关于谁或是什么要负责任的判断时“没有足够的证据”的话，宽恕并不是你的一个选择。虽然我很想做到，但是我仍然无法宽恕那晚在荒废的乡村小路上撞死我的女儿，害得她从我的

生命中消失的女人。我不知道她是谁，也没有足够的证据去证明她确实是有责任的。如果宽恕对于治疗而言是必需的，我猜我是一个治疗失败的例子。

有时候人们会面对完全相反的问题，他们要去宽恕太多的证据和太多的人。让我们来看一看那些在我的来访者丹尼斯脑海中徘徊的成为原因的一些因素。当丹尼斯来咨询我时，她正处在非常焦虑的状态，她的自尊降到了最低点，她因为无法宽恕出轨的丈夫而惩罚自己。在我们最初的讨论中，她透漏了关于她丈夫的信息：

◉他继承了轻度躁狂的基因，他比大多数人更容易鲁莽做事；

◉他的父亲是背信行为的榜样；

◉在他所处的阶层中的人们，宽恕而不轻视这样的行为；

◉一次殴打另一个员工时导致容貌受损，他因此而感觉到自卑；

◉他被一个用色相欺骗钱财的女人引诱，这个女人来自一个极端贫困的阶层，在4岁时曾被父亲性虐待，12岁时以性奴隶的身份被父亲卖掉了。她通过偷偷学习并打工赚钱来使自己重获自由。当她简历中的异常被发现后，她就被解雇了。而当晚在一家酒吧里，她已经“获得了”我的来访者的丈夫——一个地位较高的同事。

除了这些外部因素，丹尼斯还说了很多她心里认为可能的原因。她觉得她应该宽恕，但是她不知所措，感觉十分迷惑；可以想像，当她听到这些神秘力量时的释怀。她意识到她不得不接受这样的事实：她可能从来不知道她的丈夫应负多少的责任，但是为了她自己的情绪健康和自尊，这并不重要。事实上她不需要宽恕了他之后才能继续生活。

对这件事，她并不是因为丈夫的态度而想选择宽恕，他推卸了所有的责任，而且没有显出一点悔悟。

为了达到我们的治疗目的，宽恕其实是取决于我们是否真的相信，当犯罪者意识到他们的行动或迟钝伤害了我们之后，他们是真心为他们所做的道歉或是真心地忏悔的。

在前美国总统比尔·克林顿与莱温斯基传出性丑闻后，社会上引发了关于“支持你的男人”是对还是错的激烈讨论。作为一个心理治疗师，我更关注的是希拉里·克林顿是否相信她丈夫的道歉是真诚的。我猜她相信了，因此才能够宽恕了他。通过这么做她获得的最顶级的治疗和情绪韧性，这必然对她后来决心要成为总统的长期的政治挑战很有益。

但是即使丹尼斯的丈夫真心地道了歉，她仍因自己的道德价值观影响而无法宽恕他。我相信在听完我们在洞察阶段里提及的那些故事之后，我们仍然有权利根据自己的道德标准去判断对方所犯的“罪”是否可以宽恕。丹尼斯的个人道德价值观，可能与希拉里·克林顿的不同。

对这个问题我的看法是：如果这种严重的伤害，是故意针对脆弱的人和孩子的话，则是无法被宽恕的。但是我知道这只是一个个人道德观点，可能很多人不赞同这个观点。

如果你决定不继续进行这一步骤，你可能还会被再次伤害。只要宽恕这种方式还是那么多人尊重并视作情绪治疗的根本基础的话，就还会发生这样的事。作为一个不宽恕别人的人，你是在冒着失去一些人的尊敬的风险，别人可能公开地批评你的无情和傲慢。

不宽恕别人的人（特别是那些像丹尼斯一样与他们的意识作斗争的

人)，也有可能受到内疚感的折磨。这种情绪会削弱自尊，会使我们感觉到并表现出懦弱，这对于那些食肉动物和迫害者而言特别有吸引力。

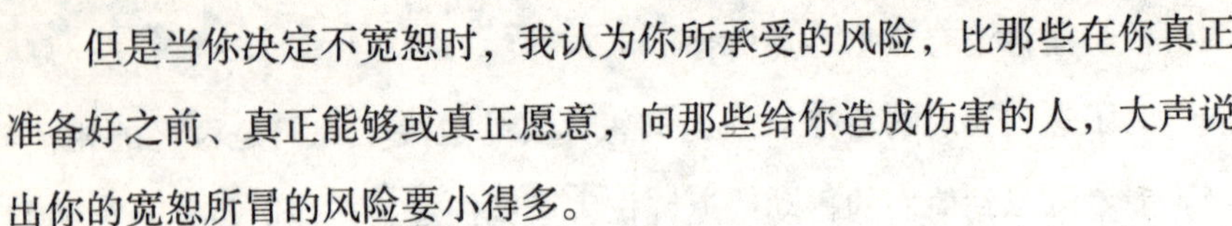

但是当你决定不宽恕时，我认为你所承受的风险，比那些在你真正准备好之前、真正能够或真正愿意，向那些给你造成伤害的人，大声说出你的宽恕所冒的风险要小得多。

不成熟或虚假宽恕带来的危险

以下是一些关于在你完全治愈之前，就试着去宽恕所造成的不好结果的例子。即使有一些结果听上去是极端的，这些行为模式却都是很普遍的，你可能也遇到过一些：

- 那个总是宽恕别人的人，经历了一次又一次的心碎，结果他们的自尊和积极的心态逐渐被腐蚀；
- 那个嗜酒者为了能够宽恕他爱的女人的极度批评，靠不停地喝酒来淹没他的悲伤；
- 那位烈士的母亲宽恕了自己孩子的自私，最后孤独地去世了；
- 那个受害者宽恕了欺辱他的人（为了能让这次事件给他们留下印象)，结果承担了他行为不当的责任；
- 那个儿子一直宽恕他父亲的欺负行为，但却开始欺负他的弟弟；
- 那个母亲宽恕了她丈夫对她孩子的虐待行为，但当她的孩子成年后她遭到了拒绝与怨恨；

◉那个过于“好的大好人”的领导者被解雇了，因为他的团队没有“尽全力”，一再错过他们的目标；

◉那个不自信的营业员，在那爱出风头但迷人的同事“偷走”了他的客户时宽恕了她，结果他挣的钱一直不多；

◉那个受虐待的妻子宽恕了伤害她的人太多次，结果那人继续虐待她；

◉那个好说话的父亲，宽恕了他那不工作的儿子，但是他的儿子对他一点都不尊重。

如果你正在阅读这本书，我猜想你有一定的可能，也是一个过于轻易或过于快速地宽恕别人的人。如果是这样的话，希望你的问题没有给你带来像上面的例子中那样的额外的伤害。可能你的宽恕习惯，并不是那么的根深蒂固，那么我说的将足以帮到你。我希望至少你会因此在下意识进入宽恕模式之前重新考虑一下。

但有时只是一个关于坏习惯的陷阱的警告是不够的。你可能需要做一些额外的个人发展工作，去获得对你的自动反应的控制权。你将会需要解决问题的根源，以下是一些你可以做的事情的例子：

根本原因	有助于康复的行动
对取悦别人和被做好人的过度需求	增强你的自尊心，学会一些提高自信的技巧。
惧怕愤怒，怕给别人添麻烦	学会控制愤怒管理技巧，增强你的自信心。

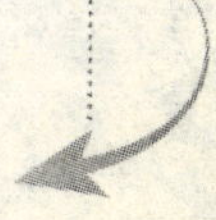

宗教的或其他道德教育	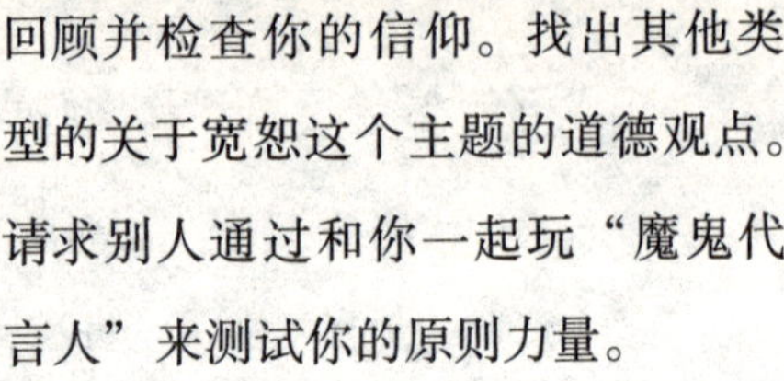 回顾并检查你的信仰。找出其他类型的关于宽恕这个主题的道德观点。请求别人通过和你一起玩“魔鬼代言人”来测试你的原则力量。

宽恕的十一个技巧

对于这个阶段的问题我已经说了足够多了。现在再来看一看，如果我们准备好并真愿意的话，我们能够获得由宽恕带来的好处。以下是一些指导，我希望你将发现它们对鼓舞人心是有用的。

1. 成为一个有前瞻性的人

你多长时间听到一次（或说出）像这些一样的话？

（1）“在他道歉之前我不会跟他说话。”

（2）“我不会让步的——是她的错。”

（3）“他们根本不在意。即使他们解雇了100名员工，对于他们来说也不意味着什么。公司只是对资产负债表感兴趣，即使他们知道你要离开，他们根本一点都不关心。”

（4）“她只是一个典型的青少年，没什么好奇怪的——他们只为他们自己和他们的朋友考虑。”

在我工作时我听到了太多这样的评论，这种类型的话（不管怎样是可以理解的）是一个人放弃自己的个人权利并把事情弄得更糟糕的标志。它们代表了那些伤害他们的人的力量！疯狂吗？对，当然是这样。但是当我们的情绪受伤时，我们不是也经常说或做一些疯狂的、伤害自己的事情吗？

这种类型的话也是这些人仍然没有被全面治愈的标志。如果他们被治愈了，他们在这个阶段所说的话应该是不一样的。他们会计划着成为一个有前瞻性的人，若是这样他们会说：

(1)“我要去告诉他这么多年来我不跟他讲话的原因是因为他伤我伤得太重了。我希望他能意识到他做过什么事情并道歉。如果他不道歉，我会继续不跟他接触。”

(2)“如果在我什么都没说的情况下，她主动来找我并道歉的话就太好了，但是她没有。我得跟她聊聊，可能她没有意识到她对我造成的伤害，在意外发生之后也没有好好想想。可能当她知道我花了多少时间才熬过这次伤害的话，会向我道歉。”

(3)“资产负债表可能是一个公司的保底线，可是他们解雇的员工的情绪也会影响利润率。被这么无礼对待的人，将会经常诽谤那些伤害他们的人。他们可以在任何时候这么做，而他们有可能在机场排队时或在超市里遇上潜在的有价值的顾客，甚至是他们主要顾客的CEO！如果我告诉他们这是我在很多个场合都想要做的事情的话，他们会道歉并改变公司政策。

毕竟他们不都是那家公司里的卑鄙小人；还是有很多有同情心的、敏感的人。”

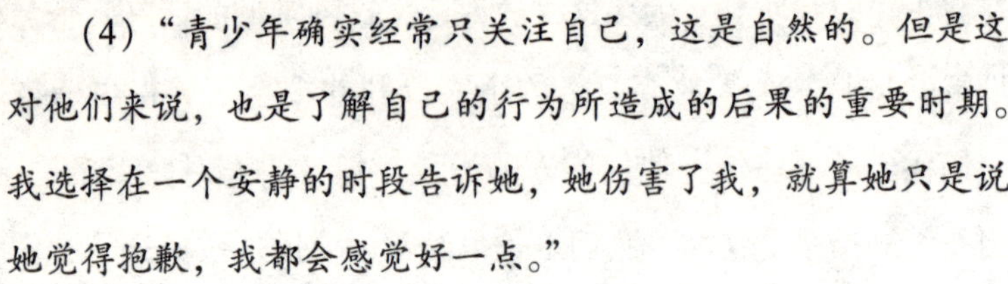
(4)“青少年确实经常只关注自己，这是自然的。但是这对他们来说，也是了解自己的行为所造成的后果的重要时期。我选择在一个安静的时段告诉她，她伤害了我，就算她只是说她觉得抱歉，我都会感觉好一点。”

在排除宽恕这个选择之前，你至少可以尝试着引导对方说出你所渴望的道歉。即使你没有成功，你仍然会觉得好受一些，因为你为自己辩护了，将你的情感说了出来。

2. 对风险进行评估

当然有很多作恶者永远不会道歉；除非在绝对需要的情况下，他们再也不会接近你。对于那些不停地施暴、控制别人的情绪，或冷漠地算计别人的、以自我为中心，或不知羞耻的人而言，尤其正确。

所以，在你尝试地去寻求一次道歉时，你需要做一次风险评估，或与其他能够客观地察看风险的人聊聊，不失为一种有用的方式。你会为我遇到的高智商的、却被上面那些类型的人伤害人的数量感到震惊。在获得多年的反面的证据，以及又遭受了几次严重的伤害之后，他们仍然相信他们能够改变那些人。因为我自己也与这个问题抗争了很多年，我知道当我想要与伤害我的人再联系时，必须估计风险的重要性。同样，根据你的经历，你将会需要考虑不同的因素。以下的练习，它们会帮助你弄清这些因素是什么，并将这些因素深深地印在你的脑海中。

放下本书，立即练习：评估寻求对方的道歉的风险

选择一个你到现在都未能原谅那个伤害了你的人的伤口，问问你自己下面的问题。如果你不能想起一次真实存在的伤害，你可以想像一个你可能会从你认识的人那里受到的伤害。

如果你的答案是“对”，那么在前面的方框打上“√”：

□你认为伤害你的人有足够的自知之明，所以对方一定能够想明白他或她做过了什么？

□他们过去有没有承认过自己的某些举动是错误的？

□你的情绪韧性能够承受拒绝或再一次的伤害？

3个“v” =低风险；2个“v” =中等风险；1个或0个“v” =高风险。

3. 评估你必须的“得”

宽恕别人的人所得到的，与他们的宽恕对象所得到的一样好。通过宽恕别人，我们提高了自尊、个人力量的强大感觉和乐观心态。同时它也可能使我们与我们所宽恕的那个人或那群人，建立更加亲密、更加令人满意的关系。

我的很多来访者，要么从根本上缺乏自尊，要么形成了自我破坏的生活方式。更糟的是，他们会将造成他们的问题的责任，全归咎于自己身上。我的工作的一部分，就是去帮助他们认清自己是谁，或是什么原

因，可能也得为他们的心理的组成和长期的行为习惯承担一些责任。一点都不令人惊奇的是，他们父母中至少有一方，是造成他们的习惯的根本原因之一。大部分的人，都很积极地宽恕他们的父母，尽管有时这是一个挑战，但是我仍然支持和鼓励我的来访者度过这个阶段。

当完成宽恕之后，其所“得”将会改变双方的生活。几个星期以前，我的一个很多年前的来访者给我打了一个电话，她告诉我说，她的母亲已经去世了。她要感谢我为她们母女这段关系所做的治疗工作，这使她能够宽恕她的母亲并重新建立了亲密关系。她解释说，她现在特别感激，因为她看到她那没有这么做的姐姐悔恨不已，而且姐姐的悲伤，比她的要难以忍受得多。

4. 想像一个好的结果

像很多体育明星一样，你可以在你的脑海中想像你获得成功并与另一个人握手或使获得另一种好结果的场面。这样做有助于你去积极地倾听，从而增加你获得自己想要的东西的机会。让你自己保持积极的心态，也会帮助你去处理拒绝（如果那是结果的话），因为你更有可能想出帮助你康复的好点子。

5. 给你自己准备一份奖励，无论结果如何

无论结果如何，你都可以为自己计划了一份诱惑人的奖励，它会帮助你减轻焦虑。你应该试一试。

6. 在你说话之前准备好一份草稿

正如我在前面的章节中建议的那样，准备好一份草稿是值得的，因为你可以在进入那个唤醒焦虑的场所之前背诵它。这会使你为他们可能提出的任何相关借口，准备好坚定的答案。无论这些借口是否是真的，不要因为它们而转换了话题，你只需要不断地重复你的主要思想，直到对方停止找借口。这样他们就更有希望会道歉。

比如，像下面的例子一样，循环地改变自己的回答将会起作用。注意：他们不在意对方的任何借口，否则会转移了话题，可能开始了一场又会给你造成伤害的辩论。

作恶者："我可是一心一意地只考虑你的利益。"

坚定地回答："但是重点是我因为你的行为而受到了伤害。就算你只是说你感觉到抱歉，这也会对我有很大的影响。"

作恶者："医院经常主张极高的卫生标准。我们一直在争取护工数与去年持平，今年的削减，我们没有其他选择，只能降低监护员工的比例。"

坚定地回答："事实如同我们之前总结的那样，遵守例行的卫生规范是失败的，因为它导致我母亲受到了致命的感染。她的早逝对于我和我的家人而言是毁灭性的打击。我们现在希望能从医院信托处得到正式的道歉。

7. 练习你的肢体语言

得为你的言语配上自信的肢体语言：直视对方的眼睛，发出强有力的声音，笔直放松的姿态，不要坐立不安。

8. 如果你说不出来，就写下来

这并不是一种逃避。你已经被伤害了，所以你应该选择让你自己轻松的方式。为了获得最大的效果，你可以给政府或你不认识的人写一份材料，然后给你熟悉的人发一张精挑细选的卡片。不要为了轻松和快速而冒险发一份电子邮件。

9. 警惕虚假的悔恨信号

寻找可能表明作恶者并不是真心抱歉的信号，撒谎时传统肢体信号便会无意中泄露对方秘密。如果你看到了一些这样的迹象，那么你需要在你再次受到伤害之前撤离。

◉双眼充满泪水（瞳孔收缩）；

◉眼神弥散；

◉紧咬嘴唇；

◉双唇紧闭；

◉两脚不停移动；

◉用手指拉耳朵。

10. 在握手言和前重新协商或要求你想要的改变

一旦你获得了你想要的道歉，可能就到了协商和制定“规则”的时候了，这些“规则”可以确保你或其他人不会再被伤害。如果你想这么做，你需要确保自己清晰地大声地说出了你的期望，以及如果你们没有达成一致的话的后果。

“你以后在公开地批评我之前，能不能先检查一下你所认为的事实是否是真实的？如果这样的事情再次发生，我们的友情将会永远结束。”

“你能确保现在的卫生标准，将会升级并能定期检查吗？如果你不能给我们这样的承诺，我们将不得不去找卫生部，如果他们没有反应我们就会去寻求媒体的帮助。”

11. 如果作恶者不知所踪或已经死亡，你可以利用想像

如果你真的相信当作恶者们听到他们对你造成了什么样的伤害之后，他们一定会觉得抱歉，你仍然可以完成宽恕他们的工作。当我与一个来访者合作时，我们经常通过玩一个角色扮演游戏，来检验这种方法。在这个游戏中，被伤害的人充当作恶者。这是我们为处理童年时期所受伤害时经常用的技巧：因为我们怀疑父母的出发点实际上是好的。

另外一种类似的练习，是以作恶者的身份来写一封信，用来回复你想要伤害的解释以及你要求的道歉。

与那些比你更了解作恶者的人聊天，也可能帮助你做出一个可能能够促使你宽恕的决定。

如果你决定要宽恕，你可以利用戏剧来模拟想像中的宽恕的场景，或举行一次象征仪式，比如将鲜花放在他们的坟墓上或放在他们的照片前。

宽恕箴言

你要宽恕那个或那群为伤害了你负责的人，并能够与他们再不带任何的不满、怨恨、偏见和不信任地新建立关系。记住：

◉没有可能宽恕人们所带给你的每一个伤口。

◉尝试着去宽恕是要冒风险的。

◉你有权力自己判断你是否想要进行宽恕这步治疗。

◉虚假的宽恕不是治疗。

◉为了能够宽恕，作恶者必须真心感觉到抱歉，或你必须相信，如果他们知道他们给你造成的伤害时，他们确实会有这样的感觉。

◉你要做一个有前瞻性的人，如果对方没有道歉你需要要求对方这么做。

◉为了维持关系而出现的新的期望或规则，可能需要大家达成一致认同。

Part 3

升华你的心灵

第十章

带着伤痛幸福地生活

Living with the Enduring Hurt

随着一场灾难或重大创伤事件的一周年纪念日临近，很多幸存者说自己又开始坐立不安和恐惧。心理学中称之为“周年反应”，并将它定义为一个人对由重大损失造成的未释怀伤痛的反应。“周年反应”包括连续几天或甚至几周的焦虑、愤怒、恶梦、场景回放、抑郁或恐惧。

一种更积极的注解是：一场灾难或重大创伤事件为受害人提供的情绪治疗的机会。

——美国精神健康厅

可能你经历过一次很深的情感伤害，你害怕它永远不会被治愈。你可能是对的，一些很小的伤口，即使你完成了治疗过程之后，仍保持着脆弱的状态，它们有不定时地再次被揭开的危险。如果这样的事情真的发生了，你可能只需要快速地重复这些神秘力量的前几个步骤就足够了。偶尔会出现因为伤口过于严重，你不得不学着去带着残余的内部情绪伤口生活很多年，或一辈子的情况。

很难说什么样的伤口，有可能变成上面所描述的那样。我们个人对于不同的情绪伤害的反应，完全不同，因为太多的因素影响了我们所能感受到的疼痛程度。

这些伤口中有很少的一部分是严重创伤，它们可能是由重大灾难、严重犯罪或战争造成的。这些伤口对于受害者本人的心理造成了毁灭性破坏，而它们并不会顺从任何形式的“自助维修”，还可能需要受害者接受长期专业帮助。但是我们可以自己做一些事情，使我们能相对轻易地带着更加普遍的严重伤口继续生活。以下是这些严重伤口的一些典型

例子：

◉我们深爱的或在我们生命中充当重要角色（比如父亲或母亲、同伴或最好的朋友）人的死亡；

◉一段非常信任的或亲密的、维持了很长一段时间的关系的破裂；（这段关系是出现在青春期大脑还在发育的那些年，或在例如战争时期这样的创伤时期，或在一场重大的可能可以忍受的损失之后的时间里建立的。）

◉拳打脚踢或性虐待；

◉一个孩子、父亲、母亲或父母般形象的人的死亡；

◉永远的与孩子失去联系（或有意义的联系）；

◉童年时期持久地被剥夺基本的心理需求（比如被无条件地爱、感觉到安定、信任他人的需求）；

◉永远的失去或严重损坏我们身体的一部分；

◉永远的剥夺或损坏身体或精神上的功能。

你经历过以上的任何一种吗？如果有的话，你将会了解到为什么我要写这一章。虽然我自己没有经历过上面的所有创伤，但我不得不去学着与上面的大多数创伤一起生活。其余的是在我的专业工作遇到了不少受到这样的伤害的人。

正如你已经知道的，人们与这种持久的伤痛一起生活的能力，存在极大不同。一些人变得愤世嫉俗、刻薄、长期悲伤、一直感到恐惧、严重沉溺于某种嗜好或干脆隐居了。一些人似乎能够保持乐观，尽管他们

也有残余的悲伤、焦虑或失望的情绪，但他们过着相对快乐和成功的生活。当然，这些不同的一部分是由我们已经讨论过的因素，比如性格组成、环境或者甚至是运气造成的。但是我深信，人们为了管理他们持久的伤痛所做的事情，也是一个重要的区别之处。

> 有个人曾经告诉我说，爱着一个死去的人，如同生活在一条危险的深河旁边。你可以跳进去承受痛苦；你可以沿着它走，调查它，感受一下它的危险程度和深度；你可以欣赏它的恒定性和它的本质。你更情愿它不在那儿，这样你就可以走到一些安全平和的地方去了。但是你不能，你不得不沿着它的边缘继续走下去。
>
> ——迈克尔·罗森（Michael Rosen）

当劳拉夭折时，我知道我将会永远为她感到悲痛（和大多数丧亲的父母一样）。对于我来说有趣的是，这是我生命中第一次令我认识到，这是一个我完全让它不想康复的情绪伤口。我本能地感觉到如果我停止悲伤，停止偶尔为这次失去而心碎的话，我还是会在其他方面失败。当时，我无法用语言来表达我的这个意思，但是我现在知道了。如果我“康复”得太好，再也不会感觉到任何悲伤的重现的话，我也同样会失去从这次经验中获得的一些积极之处（我在下面将强调这一点）。

我相信，如果我完全从由劳拉早逝造成的伤害中痊愈的话，我会失去：

◉由成为劳拉妈妈的这次经历创造中的那一部分有价值的我。我有时需要提醒自己关于那一部分的我的存在。比如，劳拉经常唤醒我喜爱娱乐，喜爱自然的一面。当我感觉到失去她时，我经常会想起这件事情，它使我重新与那一部分的我连接起来。这对我来说是一个很好的减压器，令我的生活更加有价值。

◉我所感觉到的需要继续引导伤痛进入能被我利用的状态的那种积极能量。当我写不下去，或积压了与我的治疗或慈善工作有关的枯燥的管理工作时，这种做法确实有用。

◉由于劳拉的早逝，我得到了对家中其余的人仍然健在的这个问题的一种强烈的敏感。

◉我仍然具有那种与劳拉剪不断的令人欣慰的联系。即使我不相信来世，在某些方面上我仍感觉到她就在“那儿”。她依旧在我的生活中充当着有影响力的角色。我经常自言自语，说“劳拉会笑话这件事情的”，“劳拉会说：‘别傻了，加油干，然后乐在其中。’”当我这么自言自语时，感觉好像劳拉真的在看着发生的事情。（这是很普遍的幻觉特征，人们经常争辩说这是一种拒绝的形式。如果它是的话，我并不相信它是情绪治疗战略介绍里所说的那种，会破坏治疗过程的毁灭性的那种形式。毫无疑问，它带给我的影响是积极的，而不是消极的。）

所以，我相信自己有很多好理由去解释为什么我需要带着内心深处的这些悲伤和愤怒继续生活。但是我也知道自己必须承担带着这种内在伤口生活的重大责任，我必须将它看护地很好，尽可能地保护它。当它被一段记忆或另一次悲痛经历敲打时，我必须确保它是不会再被揭开的。如果我忽略它，我知道它会有变得腐烂并侵蚀我的思想和我的生命的危险。

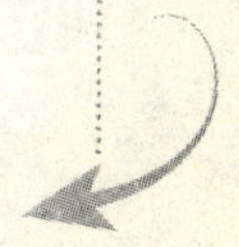

我们最想要做的就是遗忘。如果我们能做到，而且想这么做的话，我们千万不要遗忘她，而是要遗忘这件事。但是我们不能……对于她来说，使伤口愈合是最大的背叛。

——玛格丽特·福斯特《过去了》(Margaret Forster，Over)

放下本书，立即练习

想想过去的一个你仍然觉得有残余痛苦感觉的伤口。

◉标注带着这个伤口遗留下来的情绪绳索所带来的或将会带来的益处。正如我上面的例子一样，这些益处可能包括对于其他人的，也包括对于你自己的。

如何管理你的持久伤痛

在进行上面的练习时，你已经完成了管理你的伤痛的两个重要步骤：第一，你已经承认那个伤口仍然存在（尽管是以一种轻微的形式）；第二，你领会到了让这个伤口仍然陪伴着你的一些益处。然而，这些步骤对于帮助你保持控制而言可能是不够。如果这种内在遗留的疼痛被我们抛到脑后，那么当它遇到其他人心中所遗留的那部分时会突然涌出。

“我在银行里排着队，一个大约他那个年纪的黑人插了进来，我逃着躲开了。在以后很长的时间里，我甚至没有想起过这件事情，这太令人尴尬了。”（一个在非洲度假时被强奸后八年的女人）

“我们一组人出去聚餐，我真的非常享受这个过程。有些人开始谈论他们的母亲，是如何从一个地方搬到另一个地方照顾孩子的，以及他们离开她之后是多么地高兴。我开始哭泣。我设想我有了孩子之后，我一定是比我所认为更想念我的妈妈。”（一个三年前失去妈妈的女人）

“我现在让妻子索尼娅主要照顾孩子。我曾有一次面对亚当时‘激动’过度了——揍了他一顿。”（这个男人回忆说在他的孩童时代，他一直被他的父亲殴打，经常是因为他的弟弟“跟踪”他。他最小的儿子亚当，有和他弟弟类似的厚脸皮本性。）

这样“不期而至”的情绪爆发是令人不安的、尴尬的，有时还是危险的，或会给人带来不便的。它们还破坏了我们为继续生活所付出的努力，因为我们可能开始避免那些有着让我们的伤口浮现风险的情况。这会严重限制我们，有时对于其他人来说，它还是令人沮丧的或讨厌的。在某些特定的工作情况下，它还是特别危险的。在一次严重伤害的后续事件中，大部分同事和老板都会表现出了同情和容忍，但是在当今如此大压力的工作环境下，这种容忍的存在寿命很短。即使人们没有公开地说，“我认为你应该从现在开始克服它”，他们内心里已经可能被激怒了或十分害怕你的“脆弱”。最终，他们可能选择不给你增加任何压力和责任，而这些恰好是你事业发展所需要的。

怜悯是一种传染病。

——玛莎·葛兰姆

如果我们没有很好地控制我们的情感，我们不仅会在工作场所中被忽略了，还可能也会遇到很多人际交往问题。如果像走在鸡蛋壳上一样，走在一个敏感的人身边的话，我们很难表现得自然。至少这意味着我们可能失去很多东西，比如能够自己谈论的时间、快乐，还有能孕育亲密感的微笑。最糟的是，一些人可能因为无法控制自己的热情而避免或拒绝我们。这样的人未必是坏人，他们也无法为他们这样做，找到很好的理由。但事实上，他们可能正好是那种能够帮助你带着伤痛生活的。

我发现，将带着持久的伤痛生活视作情绪无能，是有帮助作用的。这样的话听起来有一点过于戏剧性了，但是我发现它能够帮助人们认清一个事实：一个没有停止疼痛的情绪伤口，应该受到尊重和照顾，这样才能确保它们不限制我们。我们可能像那些身体残疾的人一样，需要特殊的法律、合适的人行道或财政拨款。但是，我们确实不仅需要对自己的情绪脆弱的部分进行一些特殊的修正，而且需要积极地保护和照顾我们内在的伤口。如果我们这么做了，我们在面对将会撕开我们的伤口的打击时，将会变得具有更多的情感韧性。

我相信，虽然我们可能不需要直接要求别人“照顾”这种伤口，但是仍然有权利去期待他们的尊重，尤其是当我们努力管理我们残余的伤痛时。不过，当被告知或提醒有更糟的事情发生时，其他人还是“迎着困难上”，或我们对我们自己的善行太“敏感”时，这样做是不起帮助作用的。所以，记住这些，对他们而言并不是轻易就能做到的，你也是如此，也许你能做到。比如，如果你因为不想引发超出你控制能力的痛苦情绪，而选择不加入某个讨论、不去某些地方或是不丢掉值得纪念的东西时，其他人会尊重你的选择。但是你一定得确定你做的事情，都是在你的控制范围之内的，确定自己可以照顾好那个伤口。以下是一些我希望将会帮到你的建议。

保护和照顾你持久伤痛的八个技巧

1. 在交谈中偶然提到

我们犯的最大的错误，是试着将那些持久的伤痛放在脑后。相反，你应该将它加入到你平时的交谈中去，并选择好合适的时机和地点来提起这个话题。如果你做到了这一点，你会很好地控制住自己情绪，而这个话题也不会成为一个橱柜中“隐藏的骨架”，那个你不敢让自己或他人触碰的“骨架”。

试着当在讨论其他话题时偶然地平淡地谈到它。以下是一些与我失去劳拉的伤痛有关的例子：

◉“谢谢。很有趣的是，在劳拉死去后，我开始对自己选择多彩生活计划的能力有了更多自信。在这之前，我们都认为她是家中的艺术家，所以都自然而然地听从她的有创意的意见。”（在被人赞扬了新装的房间后，对于伤痛所造成的积极结果的一个短暂提及。）

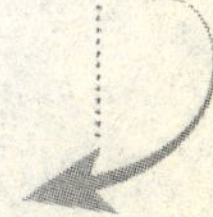

◉“是的，我去过西班牙。在劳拉死去后我和我的另一个女儿去过那里。但是那是七年前的事情了——现在那儿肯定变化很大。现在那儿是什么样子的？”（无意中提起一个充满感情和记忆的地方。）

2. 准备好并讲述你的故事

在洞察那一章的最后，我建议你为你所受到的伤害准备一个非常简短的故事。你可以准备好一个或一些相似的故事，准备好在任何你可能需要它们时将它们讲出来——一般是当他人提问或评论时。如果你不想回应，你可以使用以下的技巧来表明你的坚定拒绝。但是，一个以一种明智的方式，同时来自心和大脑的控制了的情绪，不会动摇你的情绪，它也有可能对对方产生积极影响。这样一来，你便会从引导中获得一些额外的治疗。

以下是一些精心准备的确实起了好作用的反应的例子。我已经将那些相当于在心里照着稿子念的部分反应文字，做了加粗处理：

◉**评论：**“你是如何看待几天前那个新上任的法官对强奸犯的宣判？它确实有一点过份了，不是吗？”

回答：“我很高兴现在的司法制度能够重视这种罪行。*十年前，我16 岁时被强奸了。那个男人现在是自由的，但我从来没有完全从他所造成的情感伤害中获得自由。*考虑到我的自身经历，我很重视这个领域中发生的事情。我相信这个国家在处理强奸案方面还有很长的路要走。最近的调查研究表明我们的犯罪率是全欧洲最低的，为5．3%。”

◉**评论：**“所有的父母都想给他们的孩子最好的东西。”

回答：“非常不幸的是在很多家庭里这并不是真的。*我妈妈极度嫉妒我，无论是我在学校的工作方面或在我的男朋友方面获得了一点成功，她就会恶意地进行评论。*她因为参加一个重要的社交桥牌活动，根本没有出席我的毕业典礼。虽然我知道她是因为一些原因而没有感到安全感，但有关她那消极态度的记忆仍然伤害着我，我一直都在奋斗于如何克服它。我的故事并不是特殊的，当我在进行戏剧疗法学习时我听到过很多类似的故事，还有一些比它们更加糟糕的。”

◉**评论：**“我告诉他几年后他将不会想起她或她所撒过的谎。到那时他将有可能快乐地结婚了——你们男人不管怎样都是很容易忘记女人的，不是吗?!”

回答：“事实上，他的经历和那个年纪时的我的经历非常相似，我的第一任妻子与我最好的朋友有了婚外情。虽然这是二十年前的事情了，当我听到类似事件发生时，我仍然会感觉到内脏在绞痛。这种你深爱和你信任的人一起背叛你的事情，对于每一个人而言都是很难忘记的伤害。就算我已经与珍妮度过了十五年的快乐时光，我仍然没有完全治愈我内心深处对人的不信任。

……他们帮助凯斯回到生活的正轨上，……他们考虑得很明白，他们不会多愁善感地回想过去了的事情。

——布克奖得主佩内洛普·莱弗雷（Penelope Lively）

3. 用肯定的言词保护自己

在上面的例子中，那个问及对强奸犯的判决的人，可能是你不愿意与之谈及这么一个敏感主题的人。同样的，在特定的时间里或特定的地点中，你可能觉得你没有讲述自己的故事的心情。在这样的情况下，你可以利用反复排练过的自信的反应，来树立起“不要进入的区域”的壁障。

被称作“雾化”传统自我保护战略，在这种情况中是非常有用的。通过赞同对方所说的话中可能的一些正确的地方（虽然你内心里知道是没有的），来阻止任何可能的争论或讨论：“你是对的。可能这并不是一个适当的判决。”

“雾化”经常有着“逼迫”别人开口或是改变话题的功效。如果你发现这很难令你相信，那么就找一个朋友来试试。你要充当提问者的角色，你将会发现它是有作用的。

同样，如果你足够自信，那么一个传递着你的自信的陈述，如，“这是一个我不想谈的话题”，也能够起相同的作用。

如果提问者继续问：“为什么不呢？”你可以（笑着，直视对方的眼睛）回答：“我也不愿意讨论我不愿意这么做的原因！”如果你想要进一步知道如何使用这个技巧，就看看政客们是如何精彩地回应采访的吧！

4. 定期练习情绪控制技巧

无论你准备得多好，还是会有被一个引发你的情绪的评论或问题“宰了一刀”的时候。在这样的情况下，以最快速度采用一个令人平静的技巧是非常重要的，这就是为什么你需要养成定期使用这些技巧的习惯。

你的大脑反应一定是已经被编排好的，它们会立即采取行动。你可能没有机会去实用完成我在表达阶段建议的技巧，但是你可以深呼吸，提醒自己去想想一些能够使你平静下来，使你重新获得情绪控制权的栩栩如生的幻像、音乐、咒语或色彩。在这些环境中，我会想起一幅我用在“想像里漫步”中的景象。在紧急情况下，为了能使自己平静下来，我想像着我走进了一个有喷泉的花园。我也照了一张这样的喷泉的照片，这样一来我就能够定期看看它。这么做强化了我脑海中的喷泉与平静之间的联系。

定期地练习你的平静技巧，也会帮助你将日常压力的程度保持在正常水平。这是重要的，因为通常情况下你越是平静，你以恐慌模式回应额外压力的可能性越低。

5. 控制伤害残余物的输入

可能这只是一个很显而易见的建议，但是我把它加在了这里，因为我所遇见的很多人，看上去都需要别人来为他们指出这一点。即使是不

可能的，你也很难摆脱所有的残留物，尽管可能你不想这么做。但是，你可以确保你只是定期地面对在你能够处理的范围内的残余物。

让我们首先看看人们通常留下无必要的残余物的原因：

◉“如果我不再管衣柜里他的衣服的话，我感觉自己好像抛弃了他。”

◉“如果我抛弃它而是放上一张图片作为替代的话，人们可能认为我并不是真的不介意。”

◉“我无法停止自己参加每周的强奸危机会议的行动——如果那样我会觉得自己令他们失望了……我知道我不得不做我那已经做了七年的那老一套。”

◉“如果我搬家了，我害怕我会把有关她的事情全部忘掉，因为有时我发现仅仅是回想她的脸都是困难的。”

◉“在我经历了因婚姻破裂所带来的事情之后，我想要成为一个志愿的辅导员。然而现在我怀疑，对我来说不停地回想这件事情是不是太难了。但是它们为我提供了这么多训练的机会，我感觉好像欠它们的。”

这些人的共同问题是，他们正在忍受不必要的伤痛的情绪“超载”。因为他们做了错误的或无法去鉴定的他人观点或需求的设想，他们让自己不停地回想他们所遭受的伤害。

人类的大脑能够承受大量事实，但承担不了太多的不间断的忧虑。

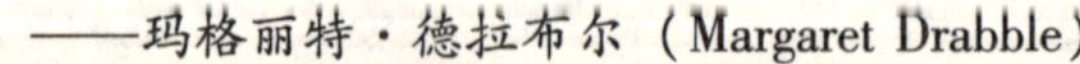

——玛格丽特·德拉布尔（Margaret Drabble）

当有可能时，你可以与你所关心的人，一起检验你的设想。我的经验告诉我，当你这么做时，他们几乎都能理解你的想法。如果像我举的第一个例子中的一样，那个人将不再出现在你身边，你可以利用你对那个人的记忆，来帮助你想像如果他们在遇到同样问题时会如何回答。最近，为了帮助我一个来访者做到这一点，我跟他分享了我的故事。

“在劳拉死去后，我尝试着在原来的房子里，原来的镇上继续生活。但是过了一年之后，我决定搬去一个没有我们和她一起生活过的、有共同回忆的新地方。这并不是因为我们想要忘记她（我确信你现在正这么认为），是因为我不想再让那些伤害人的情绪残留物，再那么频繁地浮现。尽管我的丈夫也还是十分悲痛，他并没有感觉到有这么做的必要，但是他理解我并尊重了我的决定。最后我们搬家了。”

与来访者分享这个故事，令她认识到她去世的丈夫也会这么做。她知道丈夫不会希望她遭受不必要的悲痛，所以，她将他的衣服捐给了一家慈善商店。她真的需要其他人来鼓励她完成这件事。你也可以找一个朋友帮你这么做。

很多受到其他方面伤害的人，也会不得不面对这种是否定期面对的遗留物的选择。对于那些没有晋升的人而言，这是一个普遍的困境。我所知道的经历了这样的事情的大多数人，都选择辞掉工作——虽然这对他们来说并不是一个最好的解决办法，但是他们不想经常回想起发生过的事情。相反，我的一个在管理结构再造工程中被不公平地降职（在大多数观察人眼中是这样的）的朋友选择了留下，他的决定令我和他的同

事感到十分惊讶，我敬佩他的勇气和情感韧性。几个月之后，我跟他谈起了当初的这个决定，他告诉我说，继续留在那里确实很难，他是为了他的家人才这么做的，因为他们刚刚定居在那个地方。他说他知道自己拥有管理工作的能力，所以他认为自己能够做出那样的牺牲。但是，有趣的是，他说他失去了工作的乐趣。作为补偿，他将能量转移到为能在他梦中的地方早退休的准备工作中去。他现在就在那个地方享受着生活。这使他对那次降职进行洞察。他确实能够继续生活了，但是他说那次事情所带来的伤口还未消失。考虑到此，他现在选择尽可能地与他工作了这么多年的同事少接触。

我朋友的这个故事，与我自己的故事的不同，强调了每个人根据自己能否处理的不舒服程度来自己做决定的重要性。但是，请记住，在你下决定之前，要和别人一起检查一下你的设想。如果他们的需要是不同的，那么在解释清楚你正面对的问题之前不要让步，你可以协商。

6. 组织“定期出口”

这可能是所有技巧中最重要的一个了，因为它能帮助每一个承受着持久伤痛的人。

你需要经常地反复确认你找到了一个能够安全地表达内在情感的地方，一个能够得到一些安慰的地方。你如何完成这件事情的方式，会因为伤口和与之相联系的情感的类型的不同而异。

在大多数文化中，如果整个团体都处于悲痛状态，比如因为一次自然灾害、战争或大面积的屠杀，那么人们经常会组织一年一度的公共纪念仪式。在像墨西哥这样的国家中，如果国家公历中有一天被设置为节日，那么在当天每个人都有机会去重新为曾经失去的人哀伤。然而，就我的经验看来，人们不会因为他们个人的损失来经常组织类似的仪式。这真令人遗憾，因为人们是能够很轻易地完成这个任务，还能在这个过程中被治疗。

如果你失去了一个你爱的人，你可以试着在一个安静的隐秘的地方回想起与对方有关的事情。这个地方可以是在城市里、乡村里或仅仅是一个你认为隐蔽的房间里。在那里，你可以用大吃一顿的形式安慰自己或给自己一些沉溺于听你最爱的音乐的时间。

同样，你可以回到与你爱的人有着积极的关联、能够令你回想起那些快乐记忆的地方。这种做法经常能令你以一种振奋人心的方式，表达出你的悲伤。因为这是一种温和地、间接地让你想起诗人劳德·丁尼生（Lord Tennyson）的明智的安慰人的话语的方式：

> ……爱过但是失去了，总比从来没有爱过要好。

这些个人仪式，对于那些困难的日子来说尤其重要。

> 我们的家庭一直想方设法地安排专门的时间，举办家庭仪式，这样至少能在劳拉的生日和死亡的周年纪念日，我们和她一起待上几个小时。我们曾经特地去看过那个我们安置在她发生意外的小路旁的长椅，但是这看上去并不是我们想要做的。可能是因为我们已经给那次悲剧足够的关注，我们想以别的方式记住劳拉。现在我们总会去我们偶然遇到的教堂。我们会点燃一支蜡烛，然后开始想念她。我可能会流泪，但是大部分时间，我在回想那些极好的回忆，或在快乐地想像着如果她现在

还活着的话她会做什么。我们并不信仰宗教，但是我们发现教堂（属于不同的教派的），在做这件事时，是非常受欢迎的、令人平静的地方。如果我们没有聚集在一起，我们将在不同的地方举办这个仪式，这样一来，我们仍然感觉我们在一起。离开教堂之后我们会去喝下午茶，这是我们最喜欢的家庭聚会方式。

如果你的损失是由一次意外事件而不是死亡事件造成的，你仍然可以为了表达而安排出一些时间。比如，很多带着一次重大创伤的残余伤痛生活着的人在一些有特别意义的日子（如婚礼周年纪念日或情人节）给自己一个表达情感的机会，这对他们是十分有帮助的。你可能感觉自己正处于另外一段感情中，那么这么做并不是必须的。但是，你仍可以对抗这种情绪，你要记住：做某件事情（当然必须是谨慎地）来帮助你拥有更好的情绪健康的话很有可能会对你的新感情有所帮助。比如，你可以花一些时间来看看照片或回想快乐的回忆，然后自己安慰自己。你还可以给一个理解你的朋友打电话，他/她将会倾听你的感情宣泄然后帮助你重新开始洞察。

平静地对待那些代表着过去的悲伤的纪念物，可以令我们感觉到喜悦。

——马库斯·图留斯·西塞罗

（*Marcus Tullius Cicero*，公元前 106－前 43 年）

如果愤怒是你所受的伤害带来的主要情感，那么定期做一些表达你那被压抑的情感的事情，也是同等重要的。这些事情可以借助合适的自助小组或政治集团来完成。比如，你可以加入一个一年一度的提升意识的游行或慈善奔跑。这样你将会遇到一些志趣相投的朋友，你可以告诉他们你的故事，表达你的压力，互相安慰，倾听他人的经历并以一种全面的视角来看待这些经历。此外，你还可以给予他们一些有帮助的引导。

7. 揭开伤疤，迅速地再次痊愈

就是在昨晚，我的丈夫告诉我，那天在伦敦地铁里，他十分震惊，因为他发现自己正在经历一个旧伤口带来的伤痛。他看到一个长得很像他小学校长的男人，正向他走来，他因为恐惧而全身僵硬了。当他后来跟我谈论这个男人给他施加的暴力的不公正的惩罚时（探索），他的声音在颤抖，他的面部表情十分扭曲（表达）。我被他的伤痛触动了，专心地听他说着，我希望我能够感同身受（给予安慰）。随后我们继续谈论着这个旧伤痛对他的影响。比如，他过去为什么允许自己被老板和客户欺辱。我们承认，想要克服这种对于欺辱行为的“受害者”反应，是需要很多年的实践练习。他认为，他所在的公司中这类行为很少存在。随后我们笑得很厉害，因为我们承认，当我因有压力而进入我的专业模式时，这种情况仍然会偶尔发生（洞察）。

重新治疗只花了我们一小段时间，根本没有意识到我们这么做了。

在一次伤口重新被揭开之后，采取这样的行动已经成为了一种夫妻间的习惯。

你身边的完美主义者可能已经注意到我们省略了一个阶段——补偿。这可能是因为我们最近都在节食！实际上这个步骤并不是完全必需的，毕竟这是一个已经被很好的补偿了的旧伤口的重现。

所以记住，如果你的一个持久的伤痛，在你意料之外重现了，不要忽略它，要立刻处理它。在出现这样的情况时，你最需要采用的是本战略的前三个阶段（探索、表达和安慰）。对于那些重大伤害，你可能还需要一些帮助，才能有效地开始治疗。对于那些小伤害，探索的过程可以在你的脑海中进行，表达的过程可以是很小的，而安慰的过程可以由自己监管。所以，没有任何关于紧张的日程和不合适的地点的借口是被允许的！

8. 定期检查你的情绪健康

在如何制订情绪维持程序方面，我已经给你提供了这么多的建议。我是一个实用主义者，我知道你的程序执行过程，一定与我的身体健康规划中保持一致！能保证你一直没有偏离主道的方法是定期检查。需要你多长时间这么做一次检查，部分取决于你在以下的清单中勾画的方格的个数。如果很多的话，我建议你每个月都检查一次，随后，你可以一年检查两次或一年检查一次。

一种确保你定期检查的不错的方式是将它们编排进你的计划簿中。腾出一些短暂的休息时间来让你自己“冷静下来”，并反省一下，这是最理想的做法。如果也打算与这么做的人合作的话，你们可以互相鼓励互相帮助。

你可以利用这张清单作为开始，分数将会给你一个对自己情感健康状态的粗略估计。这张清单的主要目的，是为了帮助你关注一些相关问题和一些已经发生了的事情。

情感健康抽样自查

以下的问题中，你的答案若为“是”，则在该问题前面的方框中画“√”。

□当你倾听别人诉说着他们的情绪问题时，你是否发现你比平常更容易变得沮丧?

□你会为一点小问题而泪流满面吗?

□你是否发现自己会在谈话中反驳对方，以维持秩序或以保持和睦相处?

□对于那些你在正常情况下能很好地处理的事请，你是否感觉到过于焦急?

□你是否发现自己对于发生过的某件事情感到不满?

□是否有人提出说你过于敏感?

□是否有人说你看上去很沮丧，而你自己却不这么认为?

□你是否不健康地狂吃或狂喝过?

□你是否经常在醒来时感到疲惫而不是神清气爽?

□当你紧张时你的习惯行为（例如：面部抽搐或咬指甲）会不会

变得更加严重?

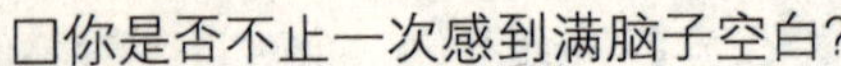
□你是否不止一次感到满脑子空白?

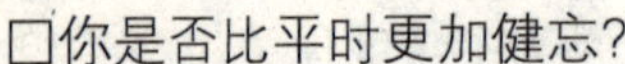
□你是否比平时更加健忘?

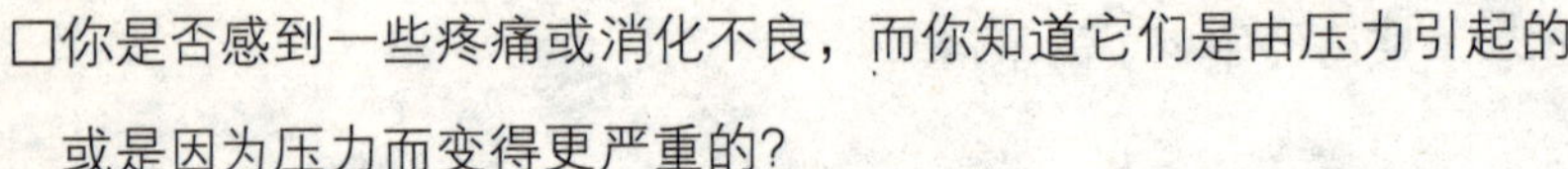
□你是否感到一些疼痛或消化不良，而你知道它们是由压力引起的或是因为压力而变得更严重的?

□你是否被人厉声批评过?

□你是否无法容忍他人的不完美?

□你是否因为受挫而失去耐心?（比如：长时间地等待着对方接电话或在等一辆来晚了的公交汽车或火车）

□你是否感觉比平时更难入睡了?

□你是否抑制讨论你的持久的伤痛的欲望?

□你是否觉得你没平时那么忠诚了?

□你是否感觉快乐比平时少了，或根本没感觉到快乐?

□你是否发现自己比平时更容易走神?

□你是否发现自己比平时更爱争论了?

□当你独自一个人时你是否没有平时感觉的那么舒适了?

□你是否对你的消极情绪感到震惊?

□你是否做噩梦?

□你是否发现自己比平时更易怒了?

□你是否感觉没有平时那么开心了?

□你是否感觉你想要开心却做不到?

□你是否与那些你爱的或你关心的人相处地太少?

□你是否对于你的未来或整个世界的未来感到悲观?

□你是否一直担心某样事情?

□你是否感觉到更多的思乡之情?

□你是否没有平时那么有效率了?

□你是否没有平时那么好交际了?

□你是否感觉到遗憾?

□你是否没有平时那么关心别人了?

□你是否以任意方式去让自己展露在大家面前?

□你是否感觉你想要慷慨地对待自己却做不到?

□你是否没有你平时那么整洁和做事有条理了?

□你是否发现很难集中注意力?

如果你在超过10个方框中画了“√”，你可能需要关注一些问题。可能是最近一些不寻常的、暂时的环境或发生的事情，对你产生了消极影响。如果是这样的话，你也不需要太过于担心，因为你可以像我们期望中的那样，很好地处理它们。但是在一个月之内，你需要再做一次检查，重复做这些练习。如果你还是画了这么多或更多的“√”，你就应该关注你的情绪健康了。

做完这个练习之后，你可能还没能清楚地知道你需要做什么。但是没有关系，我的很多有着这些“症状”的来访者，也都不知道到底是哪里出错了。在与他们进一步交谈之后，我发现，很明显地，他们陷入轻微抑郁状态，他们对自己的情感的敏感性降低了。对于那些承受了很多情感伤害的人而言，这听上去似乎像是一个受欢迎的安慰，但是这并不是健康情绪的形态。

如果你认为这就是你所处的状况，你可能还需要通过一些朋友（或咨询师）交谈来确认。可能你已经将一些细小的伤口“埋”回到内心深处，而你自己没有发现。和别人合作的话，你可以详细地回顾已经发生过的事情，而不仅仅是近期正在发生的事情。你也可以检查是什么使

你愉悦，是什么起了相反作用。当你这么做时，记住，我们有可能将消极情绪推回内心深处。当处于以下情况时：

◉我们太忙了，没有时间处理它们时；

◉我们认为一个伤口太小，不值得我们关注时（尤其是与仍然在我们内心深处的一个重大伤痛对比时）；

◉我们感觉到快乐，不想因为一个不好的情绪而“破坏”我们的好心情时；

◉一个伤口引发了和旧的持久的伤口一样的情绪时；

◉我们感觉到脆弱或压力太大时；

◉我们因为特殊原因而不想让作恶者心烦或沮丧时；

◉我们感觉到身体不适，没有足够的能量去处理伤痛或不满时；

◉我们的自尊或自信处于低潮时。

在你反省之后，写下行动计划表也是非常重要的事情，这样做的话将会增加你保持好目的的机会。以下是一个你可以用到的现成的计划。

改善我们的情绪健康行动计划

可能需要关注的领域	行动
(1) 生活的平衡	告知老板你希望缩短加班时间。在晚上八点之后不再察看邮件。
(2) 处理最近所受到的伤害	与安吉聊一聊那些不公正的批评。治疗因为失去公寓所带来的失望情绪。
(3) 身体健康	早点上床睡觉；定期服用维他命；坚持吃全麦面包，多吃点鱼、坚果和瓜籽；抵制冰箱的诱惑。
(4) 思想	让戴维在我呻吟时告诉我；一天看一次新闻；花更多的时间与好朋友一起度过。
(5) 自尊/自信	重新设计自己的发型；当为一个缺点担心时关注自己的优点；保持坚定的态度。

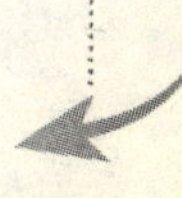

第十一章

帮助其他人康复

Helping Others to Heal

我最大的希望是，你不仅仅把你从这本书中所学到的东西，应用在帮助你自己身上，还会想将它应用在帮助治疗别人上。你们中的一些人，尤其是那些做父母的，或者是做领导的，真的因为个人或工作中的角色而有着帮助他人的直接责任。所以，我为想照顾儿童或处于领导地位的人，给出了一些特别的指导。我相信，这些普遍适用的真理，会对那些想充分利用自己同情心的人是有用的。

> 一个社会的和谐程度，可以通过其成员的具有同情心的行动来精确衡量的。
>
> ——斯科特·金（Coretta Scott King，民权领袖马丁·路德·金之妻）

帮助的总体原则

1. 不要犹豫，立即去做

如果你的动机是好的，那么就不大可能产生不好的结果。下列这些指导只是为了帮助你精炼你的助人行为，为了保护你不受不必要的伤害。你已经掌握了最重要最有价值的“助人工具”：你的同情心。现今我听到过太多人说害怕去帮助别人，因为害怕说错或做错事而把事情弄

得更糟。通过以任何你能做到的方式，传递出你的同情和真心想帮助别人的愿望的同时，你就已经在做着好事。

2. 充分利用你的力量

被伤害了的人，能够从各种形式的帮助中获益。实用帮助，如同心理指导和咨询一样，是一种传递出你的关心、给予保护和支持，使被伤害的人能够满足自己情绪需要的一种方式。我们经常感觉到无能为力，尤其是当对方极度忧郁时。如果你尽最大努力去做了，你会重获自信并发挥你的最大效用。

所以，首先尝试着去满足他们可能需要的。记住，如果他们情绪低落，他们可能无法想出他们需要什么。如果你是：

◉一位很好的倾听者，那你就静静地听他们说（后面“倾听和提问技巧”上有一些专业技巧，它们可能能使你变得更专业）；

◉一位能把事情说明白的健谈者，那你就帮助他们找到能够表达情绪和说出需求的话语；

◉一位经历过同样情感的人，那你就与他们分享你的过去；

◉一位很会做蛋糕的人，那么，你就为他们烤一个蛋糕；

◉一位优秀司机，那么，你就为他们充当司机（郁闷的人不是最合适的驾驶者）；

◉一个爱狗的人，那你就在当对方需要散步时，领着你的狗和他/她一起去；

◉一个优秀的花匠，那你就为他们修建草坪或修剪一束美丽的花；

◉一个组织者，那你就为他们接听电话，或帮他们完成一个计划清单（沮丧的人很难冷静地好好思考）；

◉一位天生的领导者，那你就在必要时激起他们去行动的士气；

◉一个很自信的人，那你就为他们和他们的需求奋斗（他们可能无法为自己奋斗）；

◉一个伟大的网络高手，那你就在你的联系人列表中寻找支持资源；

◉一位电脑专家，那你就浏览网页寻找有用的信息或给他们发电子邮件。

3. 接受你能量的限制

对于帮助者而言，最大的危险是自己可能被“灼伤”。帮助情绪受伤的人，会消耗帮助者的身体能量和情绪能量。“负面”情绪是会传染的，危机的压力会使人疲倦。不要成为那些迷失了的“受伤的治疗者”——当我们在关注他人时，很容易就忽视了自己的需求和健康。

要时刻谨记自己的真正能力，最好的方式是去注意对方的评论。如果有人说，“你看上去很疲倦”，那你不要再挤出笑容去证明自己并不疲倦，去休息一会；如果他们发现你没吃饭要等待你吃完，那就不要说你不饿；感谢他们，然后去吃饭。如果有人发现你双眼肿胀或表情紧张，那就不要强调你很好；出去表达一下你自己的情绪。

4. 在你“本职角色”中做你自己

如果你只是对方的一个朋友，就不要试图充当一个超然的或客观的咨询者角色。你通过对对方的了解而带去的温暖，可能正是他们需要的，这样可以帮助他们表达自己的情绪，或者给予他们安慰。如果你是他们的老板，他们可能更需要注意的是自己的现实表现，而不需要你的友情。如果你是他们的妈妈，他们可能需要你的拥抱和你做的饭菜，而不需要对于职业或情感未来的建议。

5. 接受“你能帮助你爱的人的能力是有限的”这一现实

当我们所爱的人苦恼了，很自然地，我们也会苦恼。看到你的痛苦，他们此时也会分心或烦恼，因而他们可能想“营救”你，而不是做能够帮助自己最好地康复的事情。当女儿劳拉刚刚去世时，我学到的最苦涩的课程之一是：在我治愈了我自己之前，我的情绪治疗技巧，对我的另一个女儿或丈夫而言，都是没有任何作用的。有一段时间，我甚至无法以母亲或妻子的身份为他们提供支持。幸运的是，我意识到了这一点，随后通过尝试确信他们已经从他人那里获得了足够支持，来减轻我的内疚。

当受到极小的伤害时，这种想法也是正确的。我们在我们爱的人身上的情绪投入，有时可能只会阻碍我们为他们提供他们所需要的。虽然我们对治疗过程很了解，但我们仍可能无意识地做出一些自己认为能够安慰对方的事情。例如，用他们可能会喜欢的好消息，或主动为他们提供建议，来转移他们的注意力，而此时他们最需要的却是探索他们的失望或沮丧之情。

记住，我们能做的最能帮助他们的事情是，用语言和行动让他们相信我们是站在他们身边的。如果我们足够强大和乐观，我们要做的就是去坚守我们的承诺，这可能意味着让对方在他们自己认为合适时做我们建议他们做的事。

6. 远离那些你不想帮助的人

现实世界里没有圣人，我们都有各自的偏见。我们完全可以表现出我们的狭隘和歧视——尤其当我们面对那些不喜欢的人、那些行为举止让我们憎恨的人或那些唤醒我们持久的伤痛的人时。任何一个承受着情感伤痛的需要他人帮助的人，都是脆弱的，所以无论我们平时多么地“和善”，当我们作为施助者时，我们都有可能被诱导“过度”利用我们力量。

即便是你认为自己能够抵制诱惑，你表现出来的任何同情，都很可能给别人一种虚伪的感觉，因为你的肢体语言会“泄露”你内心不想帮助他们的真相。如果你真心帮助他们，那么当他们被治愈后，你可以要求和他们谈谈，理性地分享你的观点，甚至可以给他们提供一些建议。这样对你和他们而言，都有启迪作用。但是，例如在宽恕那个阶段，宽恕是双方的一个选择，可能对你而言不会是你优先要跟他们讨论的。

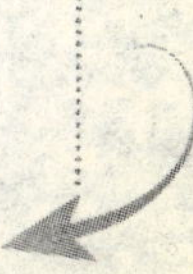

7. 鼓励他人自我治疗

不要立刻开始跟对方讲述与情感治疗战略有关的长篇大论（在刚被伤害之后，他们可能无法理解这些神秘力量）。但是就像以下的例子一样，如果他们看上去想要逃避治疗，你可以温和地鼓励他们进入本战略的第一个阶段。

受害者："好吧。它确实发生了，我现在需要忘记这件事情然后继续生活。"

你："就我学习的治疗知识与经验来看，不要试图忘记整件事情。现在你最好面对并指出究竟发生了什么事情，然后承认你目前的感受。有些人选择自己好好思考整个过程或将它写下来，而有些人觉得与别人谈谈会更容易完成这个任务。"

如果他们能因为你的劝导而开始探索，相当自然地一步步地完成整个治疗过程的话，他们是非常幸运的。如果真是这样的话，因为你通过前面的学习已经知道了在每一个阶段他们需要什么样的支持，你可以为他们提供这样的支持。

如果他们看上去不知道怎么做才能帮到自己，或如果他们"卡"在了某个阶段，你需要敏感地发现并给他们一些建议。你可以提出一些我在本书中给出的建议或你自己使用的建议，注意不要说"你需要……"，你要像上面的例子里那样给他们选择的机会。这样会使他们自己判断出最适合他们做的事情是什么。比如，我试着让我丈夫去从事学

术工作，这样一来就能弥补他因为童年的伤痛造成的学术成绩不良的缺陷了。我之所以这么做，是因为这种补偿方式对我而言非常有效。但是让丈夫跟我采取同样的方式，实际上增加了他的压力，幸好，他很快就找到了弥补适合自己的方式。

如果这种温和的劝导方式不起作用，那么你应该试着让那个受伤害的人阅读本书。如果他们因为太沮丧或太担心而无法立即阅读，你需要尽可能简单地给他们解释这七个步骤。然后你可以给他们讲讲在每一章最后的章节箴言。我建议你主要讲解前五个阶段，而只需要稍加提及后两个额外阶段。我相信你已经发现，只要了解这些神秘力量并按照一个有条理的计划行动，就已经能够为你提供很大帮助了。

8. 注意你的自动反应

我们已经了解自己是多么容易地直接跳至让我们舒适的治疗阶段。如果你已经跳跃过了，例如跳到安慰阶段，那么当你在帮助其他人时，你可能也会引导他们直接跳至安慰阶段。从现在开始，你应该知道你的薄弱阶段，努力地去改善它们。但是，当我们因为看到别人正在忍受伤痛而沮丧时，我们会无意识地转回到旧的根深蒂固的习惯模式上去，尤其是转回到那些儿童时期，就已经养成的习惯模式上。

9. 尝试使用专家技巧

这些技巧便是那些我在训练课程上教给专业治疗师、志愿辅导员和

教练的技巧。我挑选出一些适用于你的（见后面的“倾听和提问技巧”）。不要被这张清单的长度给吓到了，你每次只需要挑选一条或两条来进行尝试即可。当你在帮助他人的过程中无法取得进展时，你也可以使用它们作为检查表。可能你在方法上的一些小变动，会对你造成巨大影响。有一些技巧你需要进行一定的练习，才能熟练掌握，所以你可能想要先在其他情况下进行试验。

10. 小心利用你的幽默

幽默具有无可比拟的治疗魔力，但是它也有可能被用作拒绝或抑郁情绪的工具。在治疗的早期阶段，你需要避免它，即便你知道别人会理解你的俏皮话或玩笑。而在补偿阶段讨论想像中的报复行动和洞察阶段时，幽默都是十分有用的。一般幽默方法最好是受伤害的人自己提出的，但是不要鼓励他们选择那种几乎没有治疗功能的自我贬低式的幽默。

11. 多行小善

不要把自己沉溺于“业余治疗师”这样的角色定位中，因为这样的话，你会忘记采取一些能够帮到情感受伤的人的简单行动。而且，不要认为别人的情绪创伤太严重了，以至于他们不需要这些。即使到了现在，我还是需要的！不要因为害怕重新唤醒对方的一段痛苦记忆而退缩。你只需要小心地选择合适的时机，这样他们才能有表达情绪和治疗自己的私人时间与空间。

以下是善意小行动的例子：

◉送给他们小卡片或不定时请他们吃饭，最好能定期去看望他们；

◉打个电话、发一份简短的电子邮件或短信，说，“刚才又想起了你，希望你现在感觉稍微好点了。”

◉记住他人的纪念日，即使你最近刚向对方表示过同情。例如，“自从你分手到现在都已经一个月了，但是感觉还是像昨天一样”。

◉表现出自己的感同身受或告诉他们新的故事。例如，“昨天我看到一个男的被宣告死刑判决时我想起了你。当你在报道中看到这样的事件时你一定很难过”，或“看上去每天都有一名士兵死亡。当你试着继续生活时一定很辛苦吧”。

12. 在失去控制前，请求别人帮助

时刻关注我在下面罗列出的警告信号，它们都可能表明一个更严重的问题产生了。如果你注意到这样的信号，很有可能说明你需要专业帮助。你需要咨询的第一个人，一般是你的医生，但是你也可以寻求一个他人推荐的心理治疗师或辅导员的帮助。对于那些正在承受重大伤痛的人来说，即使他们对利用慈善机构的服务没兴趣，你也可以找慈善机构寻求指导。同样需要记住的是，当受伤害的人出现在这张清单后半部分的症状时，说明事情已经变得更糟了，你必须在此之前劝说他们接受这

样的帮助。

表明更糟问题出现的迹象

◉很少睡眠，尤其是出现很早就醒来并再也无法入睡的情况；

◉体重大幅下降；

◉疯狂进食，你怀疑那是贪食症的症状（贪食症特别容易掩盖其他疾病的症状）；

◉白天长时间赖在床上；

◉全神贯注于自己和所爱的人的健康问题；

◉不屑于整理仪容；

◉在工作上、学校中、学院里或球场上成绩不良；

◉不停地贬低自己，自信心骤减；

◉就算与他人一起也感觉到孤独；

◉幽默感的严重缺失；

◉面对小挫折也越来越易怒；

◉因为不信任他人而导致人际关系产生问题；

◉对于未来的计划设计缺乏积极性、过于兴奋或丝毫不关心；

◉经常表现出脱离周围事物的感觉；

◉攻击性的情绪爆发，令别人感到恐惧；

◉全神贯注于全球问题并对世界的未来感到非常担忧；

◉关于报复或惩罚的执着想法或计划；

◉嗜酒；

◉出现可能服用毒品的迹象（例如，情绪波动、大量花费金钱、瞳孔扩散或眼睛发红、突然频繁使用呼吸清新剂、流汗）；

◉对自杀、安乐死或一些危险活动产生极大兴趣，完全没有考虑过个人安全。

没有比出借倾听的耳朵更好的事了。

——弗兰克·泰加尔（Frank Tyger）

倾听和提问技巧

◉当对方探索时，如果你有相似经历的话，你会很自然地想要打断对方，将自己的故事告诉他，但最好不要这么做。如果你这么做了，那个受了伤害的人，可能会中断自己的回忆，不再告诉你他的感同身受，或将他的伤痛与你进行对比。一开始，你需要集中注意力去使用鼓励的声音、词汇和话语。这会帮助你控制自己想要打断对方的念头，并能让对方明白你正在很专心地倾听着。

例如："嗯！""天啊不是吧！""真的吗?!""从来没有过。""多告诉我一些吧！""……然后呢？"

◉注意你的肢体语言，确保它们同样传递了你正在认真倾听的信号。

例如：点头；不定时直视对方的眼睛；微笑或给对方其他合适的面部表情；坐得或站得靠近一些。

你还需要确保你的其他肢体语言与受伤害的人保持同样的节拍。很显然，你不需要像他们一样大哭或用拳头砸东西，但是你至少应该经常检查自己的肢体语言是否传递出一种抵触。

例如：当他在皱眉头时你不要微笑；当他从容地说话时你不要说得太快；当他很紧张或坐得笔直时你不要坐得十分随意；当他避开眼神接触时你不要盯着对方。

◉温柔地鼓励那些觉得谈论伤痛是件难事的人，你只需要不停地重复那些感觉能（十分神奇地）让他继续说下去的词汇和句子。但是不要像鹦鹉学舌一样，你需要将他们放到有意义的并适合用在对方所在阶段的句子中去。

例如，他或她可能说，“我不知道为什么她总是忽略我，”然后停下来。如果他正在探索阶段，你可以回应说，“她忽略你，然后……”如果他正在洞察阶段，你可以说，“你不知道为什么吗?”

◉如果他跑题了（这种情况经常发生），或直接跳入另一个阶段，你需要帮助他回到正轨上。但是不要与他对抗，因为他仍然十分脆弱。你可以选择伸出手来阻止他，告诉他你想弄清楚一些问题。

例如：如果他正在尝试探索但是跑题了，你可以说，“稍等一下，为了防止我忘了，我能不能现在弄清楚一些问题？当你刚才说你很沮丧时，到底发生了什么事情?”如果他为了安慰自己而正在和你讨论某一个问题，但是却逐渐跑题到另一个不相关的故事上时，你可以说，“稍等一下，我不想忘记你的观点，你说你会特地安排出一个周末出去散心或给自己买一张新的CD——我说的对吗?”

◉在你们的谈话的结尾，你需要对你所听到的对方的话进行总结。这是非常重要的一步，因为当我们的情绪被唤醒时，我们更有可能会根据自己的感觉和类似经历，来给对方的故事加上“标记”。

例如，“我能检查一下我刚才听到的关于发生了什么和你的感觉的内容吗?”

如果因为你或那个受伤害的人认为已经谈论地够多了，或因为你需要去干别的事情而想要结束一场对话，那么这也是一个很好的战略。

◉有时用比喻来总结受伤害的人所说的和你认为他试图传递的话，是能让问题变得更加明晰的。如果你要这么做的话，你可以试着使用对他来说有着特别含义的比喻说法。

例如，“他就像是那场争辩中的调解员，不是吗？但是怎么听上去他像是一个笨蛋!”“你对极了。作为主席他不应该那么做。就算他想让你退出这个项目，他不应该在公共场合侮辱你。”

◉如果对方对你的问题只回答一个词，或如果你想鼓励对方进行评论的话你可以问一些“开放问题”。它们是以“什么/为什么/在哪里/什么时候/怎么样”开头的句子。

◉如果你觉得对方的思路被阻塞了，需要转移话题，你可以问一些“具体问题”。

例如，你可以说：“所以，你现在认为这段关系最好破裂了?”对方可能回应说：“是的，我是这么想的。对我来说它结

束了。”你可以继续说：“我猜你现在真的很伤心——毕竟这段关系维持了这么长时间。”（这样你可以轻轻地将对方从探索阶段推入表达阶段。）

◉**口头上承认你和对方目前可能都有的情绪**，这会让对方明白你很感同身受（虽然你自己明白）。我听到过太多受伤害的人说，当自己将故事告诉他人时，对方面无表情，一点反应都没有。这可能是因为倾听者过于震惊而说不出话，或过分专注于焦急地思考自己怎么做才能帮到对方。为了避免这种情况，你可以说出你现在的情绪。这么做可以帮助你确认你正确理解了对方的情绪，确认你没有误解对方。

例如：“天啊——这太令我震惊了。我能明白为什么你这么愤怒。”“你一定非常失望吧——好吧，至少当我没有被医药学校录取时非常失望——你也有这种感觉么？真的么？你感觉到愤怒？为什么呢？”

◉**避免不停说话来补满每一分钟的空隙**。记住，受伤害的人可能比大多数人需要更多的思考时间，他们的记忆受到影响，意外的势不可挡的情绪可能被点燃。当然你也不要因为焦急，而立刻提出一些不必要的好建议，因为这么做可能打断了对方为了治疗而需要记起或感受的事情。

我觉得他太可怜了，所以我安慰了他。

——玛格丽特·福斯特，《过去了》

（Margaret Forster，*Over*）

如何帮助孩子

帮助孩子很好地治疗他们的情绪伤口是至关重要的。以下能够解释其原因，溃烂的情绪会：

◉破坏他们的学习潜力，因为这些情绪会造成影响记忆功能的压力；

◉限制他们的个人发展。例如，我看到的大部分有着自信问题、焦虑问题和人际关系问题的成年人，都在藏匿他们童年未痊愈的伤口；

◉造成了身体健康问题。因为当情绪被压制在心中时，由紧张和毒素导致的压力，会进而影响身体健康；

◉增加了他们被欺负的可能性，因为他们展现出了他们的脆弱；

◉使他们开始欺负别人，如果他们被滥用权力的孩子或大人伤害了；

◉压制他们的自然反应和好奇欲望，这样他们会少了很多快乐和探险；

◉使他们成年后无法处理情绪伤口，因为他们还没有学会如何做才能康复。

这张清单看上去列出对于家长或扮演老师、教练或其他照顾孩子的人的一份很大的责任。

我很庆幸我在成为家长或孩子监管人之前，没有总结出这张清单，因为我可能会被它“吓到”，以至于再也不愿充当这两个角色。然而，我确实希望在我开始充当这两个角色之前能够了解情绪治疗。这让我能更简单地养育好我的孩子，能更好地对待家人，更不用说它可能对我的孩子造成有益影响了。

千万不要畏惧，通过阅读这本书，你已经学到了足够多的知识。你可以运用它们去照顾你的孩子，从而促进他们的成长。如果你已经能够将这些知识运用到治疗自己的情绪伤痛上，而你在阅读本章时又十分关注如何照顾孩子这个问题的话，你已经离能够成功帮助孩子治疗伤痛不远了。毕竟孩子（特别是那些非常小的孩子），是通过模仿他们爱的或尊敬的人的行为来学习这些生活技巧。

如果你觉得只作为他们依靠的榜样，让你觉得不舒服，你可以看看我之前给出的那些有用的指导。另外，以下是一些额外的指导。

1. 尽可能早地开始

在本书开始的有关小本恩的故事时，当我在介绍情绪治疗战略时，我举了一个父母如何帮助小孩子，从很小的失望情绪中康复的例子。我希望这个例子能够为你提供灵感，能够让你明白这种做法，是多么简单和自然。你也可以从戏剧中或故事中，获得一些关于好的治疗方式的信息。

比如，“看看强尼——他在哭，他需要一个拥抱，不是吗?”“我认为她需要告诉妈妈露西是怎么欺负她的，不是吗？”

2. 抓住每时每刻的机会

不要忘记，日常极小的伤害为我们提供了治疗重大伤害的最好的练习机会。我的朋友珍妮在阅读完本书的三分之二后告诉我说，她能够立即将她新学会的知识应用到这样的一次机会中。

“在本学期末，我女儿学校的一位受欢迎的老师离开了，去了另外一个城市。有几个女孩聚集在学校大门口，放声大哭，有的老师也含着泪。那些女孩的父母试着拉回自己的孩子，想方设法地让她们高兴起来。我听到一些母亲说，‘没关系，她会经常回来看你们的’，‘她要结婚了，这是多么好的一件事啊，你应该为她感到高兴’，‘来吧，哭够了就别哭了’，我立即想到了这本书，意识到这些话是会起反作用的。我静静地听着女儿告诉我她是多么的悲伤，我让她哭出来。”

3. 寻找症状和言语中的“蛛丝马迹”

孩子（甚至是青少年）经常无法清晰地表达出自己的情感。当你发现表明他们正在承受痛苦的症状时，你需要鼓励她们说出自己的痛苦。这些症状包括罗列在278、279页上的那些。如果他们非常小，可能会出现出以下的信号：

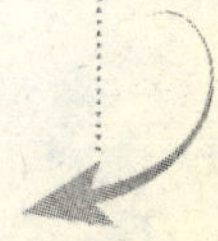

◉尿床；

◉一直做噩梦；

◉嫉妒他人；

◉退行行为；

◉异乎寻常的不服从；

◉兴奋过度。

在给儿童指导诊所打电话之前，你需要尝试在自己身上找找问题，并利用你从本书中所学到的技巧，去治疗可能浮现的伤口。如果那个问题很难解决，你需要去寻找专业帮助。但是通常情况下你并不需要这么做。

4. 采用间接方法，而不是直接询问

很多年以前，当我的女儿还小时，我在她们学校组织了一个每周一次的戏剧治疗小组。那是一个存在着很少的社会问题和行为举止问题的半乡村城镇里的小学。

这个小组十分受欢迎，但是，我只组织了一学期。因为孩子们曾经深埋的伤痛被挖掘出来的太多了，以至于老师们根本无法处理，所以我不得不放弃这个小组。当老师们试着在游戏课上追逐孩子们时，孩子们却突然开始说起他们的伤心事，比如：祖父去年去世了、妈妈昨晚和爸爸吵架了，或他们在上学的路上被人欺负了，等等。我还听到过一些更严重的情节，那些孩子们从来没有将它们向任何人倾诉过的故事。

我太震惊了。我特地不使用任何技巧，因为我觉得如果那样做的话，可能是在鼓励孩子们揭开他们更深的伤口。我们只是玩游戏，模仿日常场景。孩子们可以自己选择要扮演的不同角色，这样他们能够更加了解在相同的情况下，其他人是怎么想的和怎么做的。最后，我们会安静地围成一个圆圈坐下来，放松一下，再聊十分钟左右。

我明白为什么这些小课能够促使孩子们说出他们焦虑、恐惧和悲伤。他们相信，我这么一个富有同情心的、善于倾听的大人，在这种令人放松的氛围下，他们心甘情愿地说出那些甚至父母和老师都不知道的情感伤痛。

很多成人选择坐下来，与他们怀疑受了情感伤害的孩子聊聊出现的问题，这种做法是错误的。因为有时他们会反复地说，“我知道你因为一些事情而沮丧。你为什么不告诉我呢?”而对于一个困惑惊恐的孩子来说，这种压力会让他/她觉得自己“愚蠢”和伤心。这甚至会令孩子内疚，因为他/她发现父母或其他照顾他们的人为自己担心，发现是自己令他们也变得沮丧。

其实，通过使用一种更加间接的方式，你更有可能获得成功。我并不是要求你像一个戏剧心理治疗师一样具备这么做的资格，你可以去尝试，比如：

◉选择一个相关故事；

◉评论一个在电视节目中看到的伤害事件；

◉和孩子一起欣赏美丽的图片或画画；

◉评价他们的游戏或和他们一起玩；

◉告诉他们你童年时期的故事。

当你做上述行为时，你需要仔细观察他们的反应，寻找他们肢体语言上的提示。你需要慢慢地以问题和评论来帮助他们探索，帮助他们说出，他们在分享故事时和利用自己生活经历中的例子时，感觉到了什么。当你试着告诉他们如何治疗时，你需要利用他们喜欢的或欣赏的榜样作为例子。这些榜样，可以是孩子的亲戚、老师或他们在书本、电影或运动中找到的偶像。

对那些大一点的孩子，最好的方法是，抽出一些时间陪伴他们。你可以和他们一起参加有意思的活动，这样他们会感觉到放松。这个活动可以是去海滩度过一天或一晚，观看一场足球赛或表演。然后，可能在当你们正在享用晚餐或一起散步时，你就可以开始问问他们一些与你觉得出了问题的领域有关的问题。这是我对于青少年的担忧的父母给出的最成功的建议。一开始，父母们会认为没有什么可以和自己的孩子一起参加的活动，但是最终他们经常能够想出一些，哪怕是要花费一些钱！

5. 提防你的“自动父母”反应

因为照顾孩子的过程，一直令人很有压力，所以有时候我们会以我们童年时期就编排好了的方式回应孩子。如果你有一个有问题的童年，或如果你的父母或父母般的人，不是能让你学会如何治疗的好榜样，你可能不会采取与你平时放松下来，认真思考后的一样的反应。

另一个能影响你处理孩子的伤口的问题是，他们正在经历的伤痛，可能会引发你压制了的、在相似年龄段时的记忆。如果这些记忆会给你或孩子造成负面影响，你需要及时地治疗它们。

直到我的儿子12岁时，我才意识到我12岁丧父的事实，对我造成了多大的影响。

——克里斯蒂·摩尔（Christy Moore）

6. 当严重伤口影响你时，寻求他人的帮助

我在前一章已经提到过，当我的小女儿如此地突然失去姐姐时，我是多么艰难地安慰她。我知道我的问题，在那些失去孩子的家庭中或在有着重大问题（包括重病或离婚）的家庭中，是普遍存在的。在这些情况下，你需要去找一个你能够信任的人，让他们陪伴你的孩子，鼓励你的孩子去治疗。你需要提前做好计划，这样你所找的那个人，在面对一个重大的、令孩子恐惧的事件（如去医院或去上学）之前，能在孩子身上多花一些时间。

如果你在一家机构工作，你可以选择预约专家咨询服务，但是你并不是一定要将所有的治疗工作移交给对方。你的孩子仍然需要来自于他们信任和尊敬的人的帮助。你可能不能给予他们身体安慰，你可能不能成为他们的咨询师或知心朋友，但是，你可以做很多其他事情来鼓励他们进行治疗。

我最近读了一篇关于一位校长在英国采取的治疗行动。当知道他的两个学生，被学校门卫虐待后杀害的消息后，他为老师和学生创办了一些相互治疗项目。在周年纪念日上，他还举办了一场仪式，在孩子们面前将两只和平鸽放飞。这样做可以帮助孩子们承认并治疗他们的伤痛，这也允许了他们去获得自己可能需要的更多安慰。

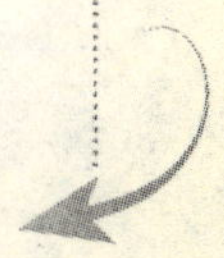

7. 尽可能诚实

不要为了让孩子不受现实的伤害而过于保护他们。为了能更好地治疗伤痛，他们需要知道并处理那些所谓的“不能说出的”真相。例如，死亡就是死亡，而不是睡着了。再如，那些完全无法接受的行动，如暴力、虐待和谋杀在现实生活中是存在的，而不是仅仅存在于电影和电脑游戏中。认为严重伤害只会发生在另一个星球上的的观点与行为，并不会给你的孩子带来好处，因为当他们面对这些伤害时，他们根本不知道自己或他人是可以从中恢复的。

帮助你的雇员

再次强调，榜样的作用是最重要的。如果你无法理解这个过程，如果自己不练习的话，那么再好的治疗方式是不起作用的。所以，如果你只是为了看这一章的内容，跳过其他部分而购买本书的话，你需要从第三章开始重新阅读！

现在，大多数领导者和管理者，都听说了“情绪智力”的概念，他们认为他们需要知道一些事情，虽然自己可能无法告诉你这些事情确切是什么，但是情感治疗是另外一回事。他们甚至没有考虑过，情感治疗与他们的角色有什么相关之处，为此我们建议他们去寻求咨询者或治疗师的帮助。通过利用你从本书中获得的知识和利用你的同情心，你能帮助受伤害的人进行他们需要的治疗。我还为你提供了一些额外的指导，希望能够让你的助人角色更起作用。

1. 关心“事不关己”的情绪伤害

未治疗的情绪伤口对任何事务都会造成不良影响。我们已经在表达所在的第四章讨论过了，这种伤口会从内部损害你的健康、业绩和潜力。无论你是从家里、从工作中或从一次活动中受到了情感伤害，都会带来这样的影响。虽然你可能只需要为受伤害的人的生活的某一部分负责任，但你也需要知道任何未治疗的情绪伤口，都可能妨碍在你的工作领域中的其他人的工作。所以即使这不是你的“事务”，你也可以从帮助他人治疗的过程中获得一些东西。例如：

◉给客人或同事倒一杯水，和他们聊聊他们青春期儿子取得的灾难性的考试成绩，或可疑的服药习惯；

◉当你知道他们的妻子/丈夫或孩子病了时，给他们发一张祝福卡片；

◉如果他们的好朋友去世了，他们需要外出表达以控制好情绪时，给他们放个假；

◉如果他们真的需要走出一段破碎的婚姻的阴影，帮助他们在公司另一个分支或另一个小组中找一个职位；

◉帮助那些因为受伤而无法进行课外活动，目前正在洞察阶段的人与其他人联系；

◉你确定对方能够自己照顾好自己之前，问："事情怎么样了？"或说："希望你能照顾好自己。"

2. 提防未愈伤口的隐藏症状

抵制改变，不情愿放弃财物、人、地位、期望——我认为，这是悲伤的根本原因。

——科林·默里·帕克斯，《丧亲之痛》

（Colin Murray Parkes，Bereavement）

因为大多数人认为情绪伤口是个人问题，所以他们尽最大努力压制自己的情感。我已经罗列了一些普遍的标记和症状，以下是在工作中或休闲活动中一些更加具体的例子：

◉突然停止工作或表演；

◉不怎么出席活动；

◉和同事闹翻；

◉对待麻烦的客户或不守规则、不尊重他人的狂热者没有耐心；

◉完美主义或痴迷的举动（这些可控制的行为，随着对快要失去控制的内部情绪的增多而增多）；

◉突然情绪爆发（如发脾气）；

◉对批评过于敏感；

◉不必要地加班；

◉一直抵制改变（一定量的抵制对大多数人而言是正常的）。

3. 鼓励对方从在你监督的工作或活动中偶然的情绪伤害中康复

在经历一次重大挫折或另一种情绪伤害问题（比如一个尊敬的同事的突然死亡）之后，不要期望他们能够立刻“继续演戏”，除非他们不得不这么做。如果真是这样的话，以后再分配时间给情绪治疗。你需要做的是：

◉在一个挫折或坏消息之后，在想告诉他们从伤害中获得好处，或鼓励他们把过去放下并向前看之前，让他们探索并表达情绪；

◉开展同龄人咨询会，为他们提供相互安慰的机会；

◉为了补偿而请他们吃饭或放一下午的假；

◉为了帮助他们洞察，告诉他们，其他人在面对类似措施时的反应的调查研究结果；

◉建立情绪治疗研讨会，或为他们提供参加一系列个人讨论会的奖学金。

最后，我们一定要记住：我们不需要任何正式资格，便已经可以帮助其他人从情绪伤害中康复。我们可以快速地做一些对他们（甚至是对

陌生人）来说，很有意义的小事。

我一直梦想着住在一个这样的社区里：每个人都觉得帮助其他人重获他们的情绪稳定、乐观心态和对世界的信任感，是一种愉悦而不是一种责任。当劳拉死后，我收到了很多从来没有见过的读者的卡片和信息。他们表达的感同身受、给予的安慰和根据自己的康复经历，提供的康复技巧，为我提供了极大的帮助。曾患过脑瘤的英国国会议员莫兰姆说她也有过类似经历。当她将故事告诉群众时，她收到了成千上万的信件。

这些悲剧确实促使我们互相帮助。如果我们在日常生活中也这么做的话，对我们每一个人都更具有治疗作用。这难道不是一件很美妙的事情吗？

一周前，我坐在飞机上，我旁边是一个一边阅读明信片、一边流泪的女人。我们语言不通，我觉得自己无法帮到她。但是我否定了这种想法，做了我能够做的：我对着她微笑。我希望我这种尝试表达我的同情的行为能够安慰她。当我这么做而不是选择忽视她的悲痛时，我感觉到她好受一点了。正如一句绝妙的印度谚语告诉我们的那样：

帮助你兄弟的船过河，你也将会到达彼岸。

当你正在涉水渡河，或当其他人也正在渡河时，不要忘记情感治疗战略的“助记”提醒：

每一个情绪伤口，都能产生创造性的果实。（Every Emotional Cut Can Produce Creative Fruit.）

祝你好运！

进一步帮助

如果你想进一步地阅读本书中讨论过的问题，我建议你从网络上查找。你可以在屏幕上浏览一页页的书名清单。为了找出那本书对你最有帮助，利用电子设备或在书店、图书馆进行这样的查找，会是最好的方式。

你还可以在网络上寻找相关的专业自助组织，向他们索要一份推荐阅读书目清单。例如，The Charity Cruse 就有一份非常不错的清单，特别适合那些寻找更多信息或寻找从损失中康复的帮助的人。http//www.crusebereavementcare. org. uk. 这个组织以及其他很多组织，也提供额外的服务，比如咨询或资助小组。

如果你没有电脑，你可以到当地的图书馆或健康中心去。那儿的人们，能够为你推荐可能帮到你的书籍和相关组织。